시원스쿨
말하기
영어표현

시원스쿨
말하기 영어표현

초판 15쇄 발행 2023년 7월 3일

지은이 이시원
펴낸곳 (주)에스제이더블유인터내셔널
펴낸이 양홍걸 이시원

홈페이지 www.siwonschool.com
주소 서울시 영등포구 국회대로74길 12 시원스쿨
교재 구입 문의 02)2014-8151
고객센터 02)6409-0878

ISBN 979-11-6150-240-3
Number 1-010201-18021806-02

생활 밀착형 주제를 회화 밀착형 표현으로 말하는

시원스쿨
말하기
이시원 지음
영어표현

S 시원스쿨닷컴

머리말

'말하기에 실질적으로 필요한 표현은 뭘까?'
이 고민을 정말 오랜 시간 동안 했습니다.

결론은 주변의 모든 것을 막힘 없이
묘사할 수 있어야 한다는 것이었어요.

내 옆에 있는 사람이 어떻게 생겼고 성격이 어떤지,
내가 쓰고 있는 물건의 모양은 어떻고 어떻게 사용하는지,
내가 사는 동네에는 뭐가 유명한지,
이런 것들을 말할 수 있다면 제대로 된 말하기라고 할 수 있겠죠.

<시원스쿨 말하기 영어표현>에서는
내 주변의 사람, 사물, 장소 등
생활 밀착형 주제들을 영어로 말해 볼 수 있도록
135개의 스토리와 675개의 회화 밀착형 표현을 뽑았습니다.

재미있는 스토리와 회화 활용도 만점 회화표현을
끊임없이 연습하고 입에 붙여 보세요.
아는 단어가 많은 것보다 익숙한 단어가 확실히 있는 것이
훨씬 더 중요하다는 걸 잊지 마세요.

이제 <시원스쿨 말하기 영어표현>을 통해
세상의 모든 것을 영어로 말해 보세요!

이시원 드림

미리 만나 본 체험단의 추천사

김형진
38세, 회사원

<시원스쿨 말하기 영어표현>은 평소 영어회화에 부담을 느끼고 있던 제게 큰 도움이 되었어요! 실제로 사용되는 표현들로 공부를 하니까 활용도가 높아 스스로 뿌듯하기도 하고, 점점 영어가 재미있어졌어요. 앞으로도 영어에 좀 더 자신감을 가질 수 있을 것 같아요!

황정윤
27세, 패션디자이너

아무리 토익 점수가 높아도 실제로 외국인을 마주했을 때 한 마디 하기가 너무 버거웠습니다. 이 책은 한 챕터가 이야기 형태로 구성되어 쉽게 읽히고 단어와 표현, 두 마리 토끼를 동시에 잡을 수 있었습니다. 앞으로 해외에 나가거나 해도 당당하게 말할 수 있을 것 같아서 너무 좋습니다. 이시원 강사님 감사합니다!

김민석
30세, 취업준비생

말그대로 제 주변의 모든 것을 보고 영어로 묘사할 수 있어서 재밌어요. 강의를 듣고 거기서 끝나는 게 아니라 계속 읽는 연습을 하다 보니 말하는 연습이 많이 되는 것 같구요. 제가 끈기가 좀 없는 편인데 이렇게 오랫동안 공부해 본 건 처음이네요. ㅋㅋ

박채원
23세, 대학생

학교 다니면서는 시험 점수 말고는 영어 필요성을 별로 못 느꼈는데, 해외 배낭여행을 가 보고 말하는 게 중요한 걸 절실히 느꼈어요. 이 책은 일단 대화보다는 주변에 있는 걸 설명하는 방식이라 말을 좀 더 길게 체계적으로 할 수 있는 느낌이에요. 요즘 완전 빠져 있어요.

이 책의 구성

Today's Story 듣기

QR코드를 통해 오늘 배울 스토리를 들어 보세요. 한/영으로 한 줄씩 읽어주는 내용과 영어로만 된 음원을 반복해서 들으며 자연스럽게 영어 내용에 익숙해지도록 하세요.

주요 표현 확인하기

스토리를 익히면서 오늘 배울 주요 표현들을 확인하세요. 한 스토리에 활용도 만점 영어 표현을 5개씩 뽑아 부담스럽지 않게 학습할 수 있습니다.

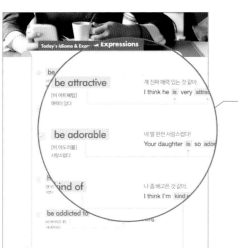

Today's Idioms&Expressions

오늘 배울 주요 표현의 발음, 뜻과 함께 다른 예문에서는 어떻게 쓰이는지를 보여줍니다. 문장의 쓰임에 주의하면서 표현을 외워 보세요.

무료 온라인 학습자료

www.siwonschool.com에서 무료 온라인 학습자료를 다운로드 받아 보세요.
영어 공부가 한 단계 더 쉬워집니다.

스토리 MP3
Today's Story를 QR코드로 일일이 찍어 보기 번거로웠다면, MP3를
다운로드 받아 들어 보세요. 반복해서 들으며 영어에 익숙해져 보세요.

단어장
책에 나오는 어려운 단어들을 한눈에 볼 수 있도록 정리한 단어장입니
다. 따로 사전을 찾아볼 필요 없이 단어장의 도움을 받아 수월하게 학
습해 보세요.

단어퀴즈
단어장의 내용을 제대로 파악하고 있는지 스스로 테스트해 볼 수 있는
단어퀴즈입니다. 단어에 익숙해지도록 반복해서 학습하세요.

| 목차 |

PART01 인물묘사편

PART02 사물묘사편

PART03 장소묘사편

one of the popular

super busy

a go-getter

be down to earth

시원스쿨
말하기 영어표현

PART
01

인물묘사편

PERSON

매력적인 지나

MP3

Today's Story

너 Jina 알지?	You know Jina, right?
와, 걔 아주 예쁘고 매력 있더라.	She is very beautiful and attractive.
완전 사랑스러워.	She is so adorable.
걔 피부도 좋고 막 빛이 나.	Her skin is beautiful and glowing.
머리는 갈색인데 좀 길어.	She's got long brown hair.
좀 마른 편인 것 같고,	I think she is kind of skinny,
다리가 길어서 쭉쭉 뻗었어.	and she's got long and lean legs.
커피를 완전 좋아하는데,	She loves coffee,
내 생각엔 중독된 것 같아.	and I think she's addicted to it.

빛나는 피부
긴 갈색머리
매력 있음
커피 중독
마른 몸매

✓ **be attractive**
[비 어트뤡팁]
매력이 있다

걔 진짜 매력 있는 것 같아.
I think he is very attractive .

✓ **be adorable**
[비 어도러블]
사랑스럽다

네 딸 완전 사랑스럽다!
Your daughter is so adorable !

✓ **kind of**
[카인돕]
약간, 어느 정도

나 좀 배고픈 것 같아.
I think I'm kind of hungry.

✓ **have got**
[햅 갓]
가졌다

걔는 짧은 머리를 가졌어.
He 's got short hair.

✓ **be addicted to**
[비 어딕티드 투]
~에 중독되다

나 이 노래에 중독됐어.
I 'm addicted to this song.

영단어 Check

be beautiful 아름답다　　　skin 피부　　　glow 빛나다
be skinny 마르다　　　lean 호리호리한, 마른　　　I think ~ ~라고 생각하다

Chapter 02 인물

군생활 중인 호준

MP3

Today's Story

호준이는 잘생긴 운동 중독자야.	호준 is a good-looking gym addict.
군대에 있는 동안 살이 탔어.	He got tanned while serving in the army.
키가 크고 근육질이야.	He is tall and muscular.
의외로 영어를 잘해.	Surprisingly, he speaks English very well.
지금 만나는 사람은 없지만	He is not seeing anyone right now,
전역 날만 기다리고 있어.	but he's looking forward to being discharged.

군인

영어를 잘함

운동 중독

근육질 몸매

전역만 기다림

⊘ **be good-looking**
[비 굿 루킹]
잘생겼다

넌 너무 잘생겼어.
You 're too good-looking .

⊘ **surprisingly**
[서프라이징리]
의외로, 놀랍게도

의외로 걔 똑똑해.
Surprisingly , he is smart.

⊘ **well**
[웰]
잘

나 이거에 대해 잘 알아.
I know about this well .

⊘ **be seeing**
[비 씨잉]
~를 (연인으로) 만나다

나 요즘 누구 만나는 중이야.
I 'm seeing someone these days.

⊘ **be discharged**
[비 디스차알쥐드]
(군대에서) 전역하다

그는 곧 제대할 거야.
He'll be discharged soon.

영단어 Check

gym 헬스장　　　　addict 중독자　　　　army 군대
be tall 키가 크다　　be muscular 근육질이다　　look forward to ~ ~을 기대하다

19

유학 준비생 지선

MP3

Today's Story

얘는 경영을 전공하는
고려대학교 3학년이야.

She is a junior at 고려대학교 majoring in Management.

다음 달에 런던으로
영어를 배우러 가.

She is leaving for London next month to learn English.

지금 파란 청바지와
줄무늬 티셔츠를 입고 있어.

Now, she is wearing blue jeans and a striped T-shirt.

얘는 몸매 좋고, 눈이 예쁘고
피부가 까무잡잡해.

She's got a hot body, beautiful eyes and dark skin.

굉장히 외향적이고
지금은 시원이랑 사귀어.

She is very outgoing and right now she's going out with 시원.

까무잡잡한 피부 · 예쁜 눈 · 외향적임 · 대학생 · 런던 유학 예정

Today's Idioms & Expressions

✓ **junior**
[쥬니얼]
(4년제 대학의)
3학년

너 3학년이야?
Are you a junior ?

✓ **major in**
[메이절 인]
~을 전공하다

나는 교육을 전공해.
I'm majoring in Education.

✓ **leave for**
[립 폴]
~로 떠나다

그는 일본으로 떠나.
He is leaving for Japan.

✓ **be outgoing**
[비 아웃고잉]
외향적이다

우리 언니는 굉장히 외향적이야.
My sister is very outgoing .

✓ **go out with**
[고우 아웃 윗]
~와 사귀다

너 걔랑 사귀어?
Are you going out with him?

영단어 Check

management 경영   month 달   jeans 청바지   striped 줄무늬가 있는
body 몸매   dark 어두운

온라인 게임을 좋아하는 경민

MP3

Today's Story

경민이는 막 제대해서	경민 has just gotten out of the army
학교에 복학했어.	and got back to his university.
아주 똑똑하고 공부를 열심히 해.	He is very smart and studies hard.
그리고 온라인 게임하는 걸 정말 좋아해.	And he loves playing online games.
걔는 방과 후에 게임을 즐겨.	He enjoys playing games after school.
그것 때문에 눈이 나빠졌어.	Because of that, he's got poor eyesight.
언젠가 프로게이머가 되고 싶어해.	He wants to be a professional gamer one day.

갓 복학함

공부 열심히 함

게임을 더 열심히 함

눈이 나쁨

장래희망 : 프로게이머

✓ **get back**
[겟 백]
돌아가(오)다

나 집으로 돌아왔어.
I got back home.

✓ **love**
[러업]
매우 좋아하다

난 수영하는 걸 정말 좋아해.
I love to swim.

✓ **after school**
[애프터 스꾸울]
방과 후

나는 방과 후에 걔를 만날 거야.
I'll meet him after school.

✓ **poor eyesight**
[푸얼 아이싸잇]
안 좋은 시력

내 동생은 시력이 안 좋아.
My brother has poor eyesight.

✓ **one day**
[원 데이]
언젠가

난 언젠가 유럽 여행을 할 거야.
I'll travel to Europe one day.

영단어 Check

university 대학   smart 똑똑한   online game 온라인 게임
professional gamer 프로게이머

활발한 막내딸 아리

MP3

Today's Story

아리는 열심히 공부하는 중학생이야.	아리 is a hard working middle school student.
걔는 가족 중에 막내딸이야.	She is the youngest daughter in her family.
성격이 활발하고 수다스러워.	She is very outgoing and talkative.
에너지가 넘치지.	She's got a lot of energy.
나이에 비해서는 키가 좀 작은데,	She is kind of short for her age,
괜찮아질 거야.	but she will be alright.
빨간 코트를 좋아하고	She loves her red coat.
지금 아이돌의 광팬이야.	Also, now she is a huge fan of 아이돌.

막내딸
활발함
아이돌 광팬
수다스러움
중학생
작은 키

be the youngest
[비 더 영게스트]
막내이다

여기에서 가장 어린 사람이 누구지?
Who 's the youngest person here?

be talkative
[비 터커팁]
말이 많다, 수다스럽다

우리 선생님은 너무 말이 많아.
My teacher is too talkative .

for one's age
[폴 원즈 에이지]
나이에 비해서

나 내 나이에 비해서 키 커.
I'm tall for my age .

be alright
[비 어롸잇!]
괜찮다, 상관없다

걱정하지 마, 나 괜찮아.
Don't worry, I 'm alright .

be a huge fan of
[비 어 휴지 팬 옵]
~의 대단한 팬이다

걔는 그 팀의 대단한 팬이야.
He is a huge fan of that team.

영단어 Check

hard working 열심히 공부하는 (일하는)   middle school 중학교   daughter 딸
be outgoing 외향적이다   energy 기운

새신랑 강힘찬 대리

MP3

Today's Story

강 대리는 마케팅 회사에서 일해.	강 대리 works at a marketing company.
바로 지난 주에 결혼했는데,	He just got married last week
아내를 아주 많이 사랑해.	and he loves his wife very much.
항상 도시락을 갖고 다녀.	He always carries a lunch box.
아주 진솔하고, 현실적인 사람이야.	He's a genuine guy, very down to earth.
그래서 괜찮은 친구들이 아주 많아.	So he's got a lot of decent friends.
그리고, 프로처럼 사진을 찍을 수 있어.	Also, he can take pictures like a pro.

✓ **get married**
[겟 메뤼드]
결혼하다

개들 다음 주에 결혼해.
They're getting married next week.

✓ **genuine**
[제뉴인]
진솔한, 정직한

나 믿어봐, 이거 진짜야.
Believe me, this is genuine .

✓ **be down to earth**
[비 다운 투 얼쓰]
현실적이다

의외로 그녀는 매우 현실적이었어.
Surprisingly, she was really down to earth .

✓ **decent**
[디쎈트]
괜찮은

이거 괜찮아.
This is decent .

✓ **like a pro**
[라이커 프로]
프로(전문가)처럼

나 전문가처럼 요리할 수 있어.
I can cook like a pro .

영단어 Check

marketing company 마케팅 회사
carry 들고 다니다

last week 지난주
lunch box 도시락

always 항상
take pictures 사진을 찍다

카리스마 있는 엄마 진희

MP3

Today's Story

진희는 쌍둥이 아들 둘을 키우고 있어.	진희 is raising twin sons.
그녀의 아이들은 엄청 활동적이야.	Her kids are very energetic.
카리스마 있는 성격이고	She has a charismatic personality,
자식들을 교육시키는 것에 열정적이야.	and she is passionate about educating her children.
아이들한테 굉장히 엄격하지.	She's very tough on her sons.
그리고 검정색 모피 코트를 자주 입는데	Also, she wears her black fur coat a lot
제일 좋아하는 옷이라 그래.	because it's her favorite.

쌍둥이 아들 엄마

카리스마 넘침

교육에 열정적

검정 모피 코트를 좋아함

Today's Idioms & Expressions

✓ **raise**
[뤠이즈]
키우다, 기르다

우리 엄마는 오 남매를 기르셨어.
My mother raised five children.

✓ **be energetic**
[비 에널제틱]
활동적이다

나한테 우리 아이들은 너무 활동적이야.
My kids are way too energetic for me.

✓ **charismatic**
[캐뤼즈매틱]
카리스마가 있는

걔는 카리스마가 전혀 없어.
He isn't charismatic at all.

✓ **passionate**
[패서넛]
열정적인

넌 정말 열정적으로 보여.
You look so passionate.

✓ **be tough on**
[비 터프 언]
~에 엄하다, 깐깐하다

너 나한테 너무 깐깐해.
You're too tough on me.

영단어 Check

twin 쌍둥이   son 아들   educate 교육하다
fur 모피   favorite 특히 좋아하는 것

29

Chapter 08 인물
모델 지망생 현아

MP3

Today's Story

현아의 장래희망은 톱 모델이야.

워킹 연습도 하고

항상 열심히 노력해.

얘는 옷에 있어서 까다로워.

인기가 엄청 많아서

남자애들이 데이트 신청을 많이 하는데

거의 매번 거절하곤 해.

현아 wants to be a top model.

She practices her walking

and always tries hard.

She is picky about her clothes.

She is very popular,

so a lot of boys ask her out,

but she turns them down most of the

time.

모델 지망생

인기 폭발

노력형

옷에 까다로움

✓ **try hard**
[트라이 헐드]
애쓰다, 열심히 하다

갸 그 대학 들어가려고 애쓰고 있어.
He is trying hard to get into that university.

✓ **be picky**
[비 피키]
까다롭다, 눈이 높다

갸 까다로워?
Is he picky?

✓ **popular**
[파퓰러]
인기 많은

우리 오빠는 인기가 많아.
My brother is popular.

✓ **ask out**
[애스크 아웃]
~에게 데이트 신청을 하다

갸가 너한테 데이트 신청했어?
Did he ask you out?

✓ **most of**
[모스트 옵]
~의 대부분, 거의

나 거의 호텔에 있었어.
I spent most of the time at the hotel.

영단어 Check

top model 톱 모델   practice 연습하다   a lot of 많은
turn down 거절하다

31

사춘기 십대 우찬

MP3

Today's Story

우찬이는 15살 청소년인데	우찬 is a 15 year-old teenager
사춘기를 겪는 중이어서	going through puberty,
모든 것에 불만이 많아.	so he's got problems with everything.
귀에는 피어싱을 했고	He's got his ears pierced
탈색 머리야.	and his hair bleached.
교복에 대해 불만이 많아서	Because he is not happy with his school uniform,
항상 다른 걸 교복에 같이 입으려고 해.	he tries to wear something over it.
친구들이 많고	He's got many friends,
걔들에게 잘해.	and he is very good to them.
요즘엔	These days,
얘가 영어 수업에 빠져 있는데	he is really into his English class
영어 선생님한테 완전 반해서 그래.	because he's got a crush on his English teacher.

사춘기

피어싱과 탈색 머리

영어에 빠져 있음

✓ **go through puberty**
[고우 쓰루 퓨버티]
사춘기를 겪다

요즘 내 아들 사춘기 겪고 있어.
These days, my son is going through puberty .

✓ **have got problems with**
[햅 갓 프라블럼스 윗]
~에 불만, 문제가 있다

너 나한테 불만 있어?
Have you got problems with me?

✓ **be not happy with**
[비 낫 해피 윗]
~에 불만이 있다, 만족하지 않다

나 이 결과에 만족하지 않아.
I 'm not happy with this result.

✓ **be into**
[비 인투]
~을 좋아하다, 관심이 많다

걔는 핸드폰에 너무 빠져 있어!
He is into his phone!

✓ **have got a crush on**
[햅 갓 어 크러쉬 언]
~에게 반하다

나는 수잔에게 반해 버렸어.
I 've got a crush on Susan.

영단어 Check

teenager 청소년, 십대   get ear(s) pierced 귀를 뚫다   bleached 탈색한
be good to ~ ~에게 잘하다

33

MP3

Today's Story

은정이는 딸 둘을 키우는
바쁜 워킹맘이야.

지금은 작은 출판사에서
편집장으로 일하고 있어.

둘째 딸을 낳은 지 얼마 안 되어서,
남편이 아주 많이 도와주고 있어.

요새 스트레스를 너무 많이 받아서,
몸무게가 줄었어.

한쪽 팔에 아기를 안고 있는 저기 저 여자야.

은정 is a super busy working mom
raising two daughters.
She is now working as a chief editor
at a small publishing company.
Her husband is being very helpful,
because they just had their second
daughter.
Lately, she has lost some weight
because she's so stressed out.
She's that girl with the baby in her arm.

바쁜 워킹맘

출판사 편집장

스트레스가 많음

체중 감소

얼마 전 딸 출산

✓ **super busy**
[수퍼 비지]
매우 바쁜

나 요즘 프로젝트 때문에 엄청 바빠.
I am super busy with my project these days.

✓ **be helpful**
[비 헤업풀]
도움이 되다

매일 운동하는 게 도움이 될 수 있어.
Exercising every day can be helpful .

✓ **have**
[햅]
(아이를) 낳다

그들은 첫째 아들을 낳았어.
They had their first son.

✓ **lately**
[레잇리]
최근에, 요새

나 걔 최근에 못 봤어.
I haven't seen him lately .

✓ **be stressed out**
[비 스트레스드 아웃]
스트레스를 받다

너 왜 그렇게 스트레스 받아?
Why are you so stressed out ?

영단어 Check

raise 키우다
husband 남편

chief editor 편집장
lose weight 살이 빠지다

publishing company 출판사
baby 아기

영업팀 김부장

MIDLIFE CRISES

MP3

Today's Story

김 부장은 시원상사의
영업부장이야.

김 부장 is the head of the business department at 시원상사.

아마 그래서 업체와 술을 자주 마시나 봐.

Maybe that's why he often drinks with his business partners.

헤드헌터들에게 연락을 많이 받는데,
실적이 좋아서 그래.

He gets a lot of calls from headhunters because of his good numbers.

높은 기준을 가지고 있어서
같이 일하는 사람들은 힘들어.

He has high standards, so his colleagues are having a hard time.

하지만 함께 일해 보면

But if you work with him,

그를 인정할 수밖에 없을 거야.

you gotta admit that he's good.

영업부장님

술을 많이 마심

실적이 좋음

인정 받는 실력

✓ # head
[헤드]
책임자

그녀는 우리 팀의 책임자야.
She's the head of my team.

✓ # maybe that's why
[메이비 댓츠 와이]
아마 그래서, 그래서인지

아마 그래서 걔가 매우 건강한가 봐.
 Maybe that's why he is so healthy.

✓ # because of
[비커즈 업]
~때문에

비 때문에 집에 있었어.
I stayed home because of the rain.

✓ # have high standards
[햅 하이 스탠달즈]
높은 기준을 갖다

우리 아빠는 언제나 높은 기준을 갖고 계셔.
My dad always has high standards .

✓ # have a hard time
[해버 하드 타임]
어려움을 겪다

난 집중하는 데 어려움을 겪고 있어.
I'm having a hard time concentrating.

영단어 Check

business department 영업부
colleague 동료

often 자주
admit 인정하다

headhunter 헤드헌터

Today's Story

호식이는 성균관대학교	호식 is a Student Union President
총학생회장이야.	at 성균관대학교.
사람들 앞에서 말도 아주 잘하고,	He's a great public speaker
좋은 리더이며,	and a good leader,
다른 학생들에게 좋은 영향을 끼치고 있어.	inspiring other students.
얘는 진취적이야.	He is a go-getter.
자기 일을 확실히 하지.	He gets things done.
항상 적극적이야.	He shows great initiative.
자기 주장이 확실해.	He is very outspoken.
주장이 확실한 성격 때문에	Because of his outspoken character,
가끔 귀찮게 하기도 해.	he is annoying sometimes.

총학생회장 → 뛰어난 리더십

좋은 영향을 끼치는 사람 ← → 진취적인 성격

주장이 확실함

✓ **great public speaker**

[그레잇 퍼블릭 스피커]
뛰어난 연설가

그는 뛰어난 연설가로 알려져 있어.
He is known as a great public speaker .

✓ **be a go-getter**

[비 어 고우 게러]
진취적이다, 박력이 있다

그녀는 정말 진취적인 사람이야.
She is a real go-getter .

✓ **get ~ done**

[겟 던]
~을 끝내다, 마치다, 처리하다

나 숙제 끝내야 해.
I need to get my homework done .

✓ **be outspoken**

[비 아웃스포큰]
확실하게 의견을 말하다, 노골적으로 말하다

이 영화에 대한 그의 발언은 매우 노골적이었어.
His remark about this movie was very outspoken .

✓ **be annoying**

[비 어노잉]
귀찮게 하다, 짜증나게 하다

걔들 너무 귀찮아!
They are so annoying !

영단어 Check

| president 회장 | leader 리더 | inspire 영감을 주다 |
| initiative 진취성, 결단력 | character 성격 | sometimes 가끔 |

Chapter 13 인물
농구 천재 태식

MP3

Today's Story

태식이는 대학 새내기야.	태식 is a freshman in college.
최근에 농구 동아리에 가입했는데	He recently joined a basketball club,
동아리장으로 뽑혔어.	and he was elected as the leader.
다른 학생들이 그러는데	Other students say that
모든 경기에서 점수가 가장 높대.	he has the highest scores in every game.
그래서 때때로 허풍을 떨기도 해.	So he often brags a lot.

새내기

농구 동아리장

점수가 가장 높음

허풍쟁이

✓ **freshman**

[프레쉬맨]
새내기, 대학 1학년

그녀는 우리 대학교 새내기야.
She is a freshman in our college.

✓ **join a club**

[조인 어 클럽]
동아리에 가입하다

동아리 가입하고 싶어?
Do you want to join a club ?

✓ **be elected as**

[비 일렉티드 애즈]
~으로 선출되다

그는 우리 반 반장으로 뽑혔다.
He was elected as a class president.

✓ **have the highest scores**

[햅 더 하이스트 스코얼즈]
최고의 점수를 받다

그녀는 항상 최고의 점수를 내.
She has the highest scores all the time.

✓ **brag**

[브뤡]
(심하게) 자랑하다

자랑 좀 그만해!
Stop bragging !

영단어 Check

college 대학   recently 최근에   leader 책임자, 이끄는 사람
a lot 많이

41

새댁 오소연

MP3

Today's Story

소연이는 갓 결혼한 유치원 미술 선생님이야.	소연 is a newlywed art teacher at a kindergarten.
지난 달에 막 신혼여행에서 돌아왔고, 여행 기간 동안에 아이를 가졌어.	She just got back from her honeymoon last month, and she got pregnant during her trip.
시부모님과 부모님이 아주 좋아하셔.	Her parents-in-law and her parents are very happy about it.
요리에 소질이 없긴 하지만 오늘 집들이를 할 거래.	Although she's got no talent for cooking, she's having a housewarming party today.

유치원 미술 선생님

신혼여행에서 막 돌아옴

요리에 소질 없음

허니문 베이비

오늘 집들이 예정

✓ **newlywed**
[뉴얼리웨드]
신혼인

걔들 신혼이야.
They are a newlywed couple.

✓ **get pregnant**
[겟 프뤠그넌트]
임신하다

여보, 나 임신했어!
Honey, I got pregnant !

✓ **parents-in-law**
[페어런츠 인 러]
시부모, 처부모

그녀의 시부모님은 그녀에게 잘해주셔.
Her parents-in-law are nice to her.

✓ **have got no talent for**
[햅 갓 노 탤런 풀]
~에 소질이 없다

나 노래에 소질 없어.
I 've got no talent for singing.

✓ **housewarming party**
[하우스웜밍 파티]
집들이

집들이 하자!
Let's have a housewarming party !

영단어 Check

art teacher 미술 선생님   kindergarten 유치원   honeymoon 신혼여행
cooking 요리

CEO

MP3

Today's Story

대표님은 글로벌 투자회사를 운영하는 CEO셔.	He is a CEO running a global investment firm.
지금 60대 초반이시고,	He's now in his early 60s,
이 회사를 30년 넘게 운영해 오셨어.	and he's been running the company for over 30 years.
과묵하고, 말씀하실 땐 좀 퉁명스러우셔.	He is often quiet and curt when he speaks.
냉철해 보이시는데,	He looks like a cold person,
실은 가슴 속이 따뜻하신 분이야.	but he's actually a very warmhearted person.
직원들을 굉장히 아끼셔.	He cares a lot about his employees.

60대 초반 → 투자회사 CEO
과묵함 → 퉁명스러움
냉철해 보임 → 마음이 따뜻함

Today's Idioms & Expressions

✓ **run**
[뤈]
운영하다

우리 아버지께서 회사를 수년간 운영해오셨어.
My father has been `running` the company for many years.

✓ **be curt**
[비 컬트]
퉁명스럽다, 무뚝뚝하다

내 남자친구는 퉁명스러워.
My boyfriend `is curt` .

✓ **cold person**
[콜드 펄슨]
냉정한 사람

내가 냉정한 사람처럼 보여?
Do I look like a `cold person` ?

✓ **be warmhearted**
[비 웜허티드]
정이 많다

그녀는 정이 많아.
She `'s warmhearted` .

✓ **care about**
[케얼 어바웃]
~을 아끼다

나 너 엄청 아껴!
I `care about` you a lot!

영단어 Check

CEO 최고 경영자
actually 실은

investment firm 투자회사
employee 직원

be quiet 조용하다

Chapter 16 인물
마당발 전업주부 김영희

MP3

Today's Story

영희는 전업주부로 20년 넘게 살아 왔어.	영희's been a professional housewife for over 20 years.
다른 엄마들과 좀 다르게	Unlike other moms,
개방적이고 쿨해서	she is very open-minded and cool,
뒤끝이 없어.	so she doesn't hold grudges.
동네 사우나를 자주 가서 발이 넓어.	She often goes to the sauna in her neighborhood, so she knows a lot of people.
친구들과 집에서 수다 떠는 것을 좋아하지.	She likes to talk with her friends at home.
하지만 가십을 이야기하는 걸 별로 좋아하지 않아.	But she doesn't like to gossip much.

20년 넘게 전업주부

마당발

개방적임

뒤끝 없음

가십을 좋아하지 않음

동네 사우나에 자주 감

✓ **professional housewife**
[프로페셔널 하우스 와이프]
전업주부

나 전업주부야.
I'm a professional housewife .

✓ **unlike**
[언라잌]
~와 달리

다른 남자들과 달리, 걔는 가십을 좋아해.
Unlike other men, he likes to gossip.

✓ **open-minded**
[오픈 마인디드]
열린 사고를 가진, 개방적인

우리 어머니는 매우 개방적이셔.
My mother is very open-minded .

✓ **hold grudges**
[홀드 그러쥐스]
뒤끝 있다, 악의를 품다

나 뒤끝 없어.
I don't hold grudges .

✓ **gossip**
[가십]
험담을 하다

너희들 걔 험담하고 있었지?
Were you guys gossiping about her?

영단어 Check

often 종종, 자주   neighborhood 이웃, 근처   much 많이

47

Chapter 17 인물
변호사 차도희

MP3

Today's Story

도희는 규모가 큰 법률 사무소의 변호사야.	도희 is a lawyer working at a large law firm.
돈도 잘 벌고,	She makes a lot of money,
전문가처럼 보여.	and looks very professional.
당당하고 야망이 커서	She's confident and ambitious,
항상 일이 우선순위야.	so she puts her career first.
뭘 즐길 시간이 잘 없는데,	She's got no time for fun,
항상 일이 바빠서 그래.	because she's always busy with her work.
그리고, 남자 보는 눈이 없어서,	Also, she's got bad taste in men,
전 남친들과 문제가 좀 있었어.	so she's had troubles with her exes.
이제 괜찮은 사람을 만나기 전까지는	Now, she wants to stay single
독신주의로 살려고 해.	until she meets the right guy.
도희 어머니는 계속 결혼하라고 재촉해서.	Her mom keeps nagging her to get married.

잘 나가는 변호사

야망이 큼

독신주의

✓ **put ~ first**

[풋 퍼스트]
~을 가장 중요시하다, 우선하다

나는 이 세상 그 무엇보다 내 가족이 우선이야.
I put my family first over everything in the world.

✓ **have got time for**

[햅 갓 타임 포]
~을 위한 시간이 있다

너 커피 마실 시간 있어?
You 've got time for coffee?

✓ **have got bad taste in**

[햅 갓 베드 테이스트 인]
~을 보는 눈이 없다, ~에 감각이 없다

걔는 여자 보는 눈이 없어.
He 's got bad taste in women.

✓ **have trouble with**

[햅 트러블 윗]
~와 문제가 있다

나 걔들이랑 문제가 좀 있잖아.
I have some trouble with them.

✓ **nag**

[넥]
잔소리하다, 바자기를 긁다

잔소리 좀 그만해!
Stop nagging me!

영단어 Check

lawyer 변호사
stay single 독신으로 살다

law firm 법률 사무소
get married 결혼하다

be ambitious 야망이 있다

Chapter 18 인물

호기심 많은 아기 준이

MP3

Today's Story

준이는 작년에 태어났어.　　　준 was born last year.

다음 달이면 한 살이 돼.　　　He's turning 1 next month.

아주 활동적이고　　　He's very active

하루 종일 꼬물꼬물 기어 다녀.　　　and wriggles around all day.

주변 모든 것에 대한　　　He is curious about everything

호기심이 있어.　　　around him.

그래서 물건들을 잡고 막 물어.　　　So, he likes to grab things and chew them.

아주 순해서 잘 울지 않아.　　　He is very easygoing

　　　and he doesn't cry much.

다음 달에 돌

활동적

호기심 창성

꼬물꼬물 기어 다님

순둥순둥

✓ **be born**
[비 본]
태어나다

개 언제 태어났어?
When was she born ?

✓ **turn**
[턴]
(어떤 나이가) 되다

나 이번 해에 스물 여섯 살 됐어.
I turned twenty-six this year.

✓ **be active**
[비 액팁]
활동적이다

난 진짜 활동적이야.
I'm very active .

✓ **all day**
[얼 데이]
하루 종일

나 하루 종일 집에 있었어.
I was home all day .

✓ **be easygoing**
[비 이지고잉]
(성격이) 느긋하다, 순하다

내 상사는 매우 느긋해.
My boss is very easygoing .

영단어 Check

wriggle 꿈틀거리며 가다
grab 잡다

be curious 호기심이 많다
chew 물어 뜯다

around 여기저기
cry 울다

Today's Story

복순 할머니는 79세이시고,

8남매의 어머니셔.

남편과 사별 후,

홀로 40년 동안 가정을 꾸려 오셔야 했어.

한식 요리 솜씨가 아주 좋으신데,

특히 할머니의 김치는 그냥 완벽 그 자체야.

나이가 좀 드셔서,

지팡이 없이는 잘 못 걸으셔.

그리고 기억력이 좀 안 좋으셔서

가끔 깜빡깜빡 하셔.

최대한 빨리 증손주를 보고 싶어하셔.

복순 할머니 is a 79-year-old

mother of 8 children.

After the death of her husband,

she had to take care of her family

by herself for the last 40 years.

She makes awesome Korean food,

especially her 김치 is just perfect.

Since she's so old,

she has trouble walking without a

walking stick.

Also, she's got a bad memory

and sometimes forgets things.

She wants to see her great grandson

ASAP.

8남매의 어머니

한식의 대가

가끔 깜빡깜빡 하심

✓ **be perfect**
[비 펄팩]
완벽하다

나의 주말 계획은 완벽해!
My plan for the weekend is perfect !

✓ **without**
[위다웃]
~없이

나는 내 핸드폰 없이 못 살아.
I can't live without my cellphone.

✓ **a bad memory**
[어 베드 메모리]
나쁜 기억력

미안해, 나 기억력이 안 좋아.
I'm sorry, I've got a bad memory .

✓ **forget**
[폴겟]
잊다, 까먹다

어머! 나 내 지갑 가져오는 거 까먹었어!
Oh no! I forgot to bring my wallet!

✓ **ASAP**(As Soon As Possible)
[애즈 쑨 애즈 파서블]
가능한 빨리

가능한 빨리 저에게 전화주세요.
Please call me ASAP .

영단어 Check

children 아이들
walking stick 지팡이

death 죽음
great grandson 증손주

be old 늙다

모험심이 강한 대한이

MP3

Today's Story

대한이는 모험심이 강하고	대한 is an adventurous boy
항상 새로운 걸 시도해 보려는 아이야.	who always likes to try new things.
지금 축구팀 주장인데,	He's the current captain of his soccer
자주 무릎에 상처가 나고 멍이 들어.	team, and he often gets cuts and bruises on his knees.
박지성처럼 되고 싶어하는데,	He wants to be like 박지성,
쉽게 포기하는 경향이 있어.	but he tends to give up on things easily.
학교에서는 재미있는 아이라	At school, he is very funny
반 친구들을 자주 웃겨.	and makes his classmates laugh a lot.
하지만 너무 심하게 장난을 쳐서	However, he sometimes gets too
야단을 맞곤 하지.	naughty and gets in trouble.

모험심이 강함

장난꾸러기

재미있고 웃긴 아이

꿈은 축구선수

✓ ## adventurous
[어드벤처러스]
모험심이 강한

나는 모험심이 강한 관광객이야.
I'm an adventurous tourist.

✓ ## current
[커렌]
지금의, 현재의

한국 현재 시간은 아침 7시야.
The current time in Korea is seven in the morning.

✓ ## tend to
[텐 투]
~하는 경향이 있다

나는 쉽게 까먹는 경향이 있어.
I tend to forget things easily.

✓ ## make ~ laugh
[메익 래프]
~를 웃게 하다

넌 항상 나를 웃게 해.
You always make me laugh.

✓ ## get in trouble
[겟 인 트러블]
벌을 받다, 혼나다

나 완전 혼날 거야.
I'm going to get in so much trouble.

영단어 Check

captain 주장   cut 상처   bruise 멍
knee 무릎   give up 포기하다   classmate 반 친구

피부과 의사 닥터 한

MP3

Today's Story

한 선생은 시원병원의 피부과 의사야.	Dr. Han is a dermatologist at 시원병원.
지난달에 전문의가 됐어.	She just became an attending last month.
많은 시간 일을 하는데도	Even though she works long hours,
종일 아름다움을 유지해.	she manages to look good all day.
모든 인턴들의 롤 모델이고,	She's a good role model for all the interns,
동료들은 한 선생을 존경해.	and her colleagues look up to her.
또, 평판이 아주 좋은데,	Also, she's got a great reputation,
그 분야에서 최고이기 때문이야.	because she's the best in her field.
안타깝게도 지난 주에 이혼했어.	Unfortunately, she got divorced last week.

work long hours

[월크 롱 아워스]
장시간 일하다

나 장시간 일하는 것 때문에 너무 피곤해.
I'm so tired from working long hours .

colleague

[칼릭]
동료

걔들은 내 동료들이야.
They are my colleagues .

a great reputation

[어 그레잇 레퓨테이션]
좋은 평판

걔 평판 좋지 않아?
Doesn't he have a great reputation ?

the best in one's field

[비 더 베스트 인 원즈 필드]
분야의 최고이다

나 믿어봐. 내가 이 분야에서 최고야.
Trust me. I'm the best in this field .

get divorced

[겟 디볼스드]
이혼하다

걔들 이혼했어?
Did they get divorced ?

영단어 Check

dermatologist 피부과 전문의   become ~ ~이 되다   attending 주치의
all day 하루 종일   intern 인턴

Today's Story

별이는 사랑스러운 여섯 살이고,	별 is a lovely 6 year-old
유치원생이야.	and she's in kindy.
얘는 상상력이 아주 풍부해.	She's very imaginative.
어둠을 좀 무서워해서	She's a little scared of the dark,
불을 끄고 잠을 못 자.	so she can't sleep with the lights off.
야외 활동을 엄청 좋아해서	She loves outdoor activities,
공원에 자주 나가.	so she often goes out to the park.
별이의 모든 물건은 분홍색인데	All of her belongings are pink,
제일 좋아하는 색깔이라 그래.	because it's her favorite color.

풍부한 상상력

야외 활동을 좋아함

어둠을 무서워함

분홍색을 좋아함

✓ **kindy**
[킨디]
유치원

너희 조카 유치원생 아니야?
Isn't your niece in kindy ?

✓ **be imaginative**
[비 이메지니팁]
상상력이 풍부하다

난 상상력이 그렇게 풍부하지 않아.
I'm not that imaginative .

✓ **be scared of**
[비 스케얼드 옵]
~을 두려워하다, ~을 무서워하다

난 광대를 무서워해.
I'm scared of clowns.

✓ **outdoor activity**
[아웃도어 액티비티]
야외 활동

야외 활동들 중에 이게 최고야!
Out of all the outdoor activities , this is the best!

✓ **belongings**
[빌렁잉스]
소지품

네 소지품 어디 있어?
Where are your belongings ?

영단어 Check

sleep 자다
park 공원

light 불, 전등
color 색

go out 나가다

59

증권중개인 지승호

MP3

Today's Story

승호는 막 30세가 되었고,	승호 has just turned 30
증권가에서 일해.	and works in the financial industry.
시원스쿨에서 MBA 학위를 받았어.	He's got an MBA from 시원스쿨.
걔는 벌써 성공적인 커리어를 쌓았어.	He's already got a successful career.
직장에서 영향력이 있어.	He's very influential at work.
사람들을 이용하는 경향이 있고,	He tends to manipulate others
모두를 자기 편으로 만들려고 하지.	and tries to get them on his side.
결단력이 있고 꼼꼼해서	He is decisive and meticulous
시간을 낭비하지 않아.	so he doesn't waste time.
그리고 아주 철두철미해.	He's very thorough.

증권중개인

직장에서 영향력이 있음

결단력이 있고 꼼꼼함

성공적인 커리어

철두철미함

시간을 낭비하지 않음

✓ **a successful career**
[어 석세스풀 커리어]
성공적인 경력

나는 벌써 선생님으로 성공적인 경력을 쌓았어.
I've already got a successful career as a teacher.

✓ **be influential**
[비 인플루엔셜]
영향력 있다

그녀는 직원에게 영향력이 없어.
She isn't very influential to her staff.

✓ **on one's side**
[언 원즈 사이드]
~의 편

난 네 편이야.
I'm on your side.

✓ **waste time**
[웨이스트 타임]
시간을 낭비하다

난 시간 낭비하는 걸 좋아하지 않아.
I don't like to waste time.

✓ **be thorough**
[비 써로우]
철두철미하다, 빈틈이 없다

걔는 모든 것에 빈틈이 없어.
He is through with everything.

영단어 Check

financial industry 금융계   MBA 경영학 석사   manipulate 조종하다
be decisive 결단력이 있다   be meticulous 꼼꼼하다

인자한 심구 할아버지

MP3

Today's Story

심구 할아버지는 80대셔.

심구 할아버지 is in his 80s.

50년 동안 결혼 생활을 했는데,

He's been married for 50 years,

행복한 결혼 생활을 유지하고 계셔.

and he is maintaining a happy marriage.

이해심과 생각이 깊으셔서,

He is very understanding and thoughtful,

결혼 관계를 더 끈끈하게 했어.

and that made his marriage relationship stronger.

남의 말을 잘 들어 주셔서,

He's also a good listener,

많은 친구들이 조언을 구하려고 할아버지께 오곤 해.

so many of his friends come to him for advice.

탑골공원에 놀러 가서

He likes to hang out at 탑골공원

친구분들과 바둑 두는 걸 좋아하셔.

and play 바둑 with his buddies.

인생의 마지막을 준비하고 계셔.

He is getting himself ready for the end of his life.

50년 간의 결혼 생활

이해심과 생각이 깊음

바둑 두는 걸 좋아하심

✓ **maintain**
[메인테인]
유지하다

우리는 좋은 관계를 유지하는 걸 해냈어.
We managed to maintain a good relationship.

✓ **be thoughtful**
[비 떳풀]
생각이 깊다, 사려가 깊다

너의 선물은 매우 사려 깊었어.
Your present was very thoughtful .

✓ **hang out**
[행아웃]
시간을 보내다

나는 주말에 친구들이랑 시간을 보내는 걸 좋아해.
I like to hang out with my friends on weekends.

✓ **buddy**
[버디]
친구

제인은 나의 가장 친한 친구야.
Jane is my best buddy .

✓ **get oneself ready**
[겟 원 셀프 레디]
채비하다

너 지금 당장 준비해야 해.
You need to get yourself ready now.

영단어 Check

marriage 결혼 생활   be understanding 이해심이 있다   relationship 관계
strong 튼튼한, 견고한   good listener 남의 말을 잘 듣는 사람   advice 조언

Chapter 25 인물
갤러리 주인 임세라

MP3

Today's Story

세라는 40대 초반이고,

세라 is in her early 40s,

아직 싱글이야.

and she's still single.

부유한 집안에서 태어났어.

She comes from a wealthy family.

삼청동에서 갤러리를 운영하고 있지.

She runs an art gallery in 삼청동.

예술을 굉장히 사랑하고,

She's got this love for art,

또 열정적이야.

and she is very passionate about it.

하루 중 가장 좋아하는 시간은

Her favorite moment of the day is

친구들과 와인을 마실 때야.

when she drinks wine with her friends.

아주 매력적이고 재치가 있어서

She's very charming and witty,

좋은 사교 생활을 즐기고 있어.

so she enjoys a good social life.

많은 사람들이 세라를 좋아하는데,

She's beloved by a lot of people

공손하고 말도 잘하기 때문이야.

because she's courteous and

communicative.

예술에 열정적

와인을 좋아함

매력적이고 재치 있음

공손함

✓ **be single**
[비 싱글]
독신이다, 혼자이다

우리 싱글이야.
We 're single .

✓ **have got love for**
[햅 갓 럽 포]
~을 사랑하다, 애정하다

나는 커피에 대한 대단한 애정을 가지고 있어.
I 've got this great love for coffee.

✓ **be passionate**
[비 패셔넷]
열정적이다

나는 춤추는 거에 열정적이야.
I 'm passionate about dancing.

✓ **be witty**
[비 위리]
재치가 있다

그는 재치 있지 않아.
He is n't very witty .

✓ **social life**
[소셜 라입]
사교 생활

내 사교 생활은 지루해.
My social life is boring.

영단어 Check

wealthy family 부유한 집안   art gallery 미술관   be charming 매력적이다
be courteous 공손하다   be communicative 말을 잘 하다

유기농 채소 상인

MP3

Today's Story

아저씨는 한 때 큰 기업의 전직 대표였지만	He was a former president of a big company,
도시 생활에 지쳐	but he got sick and tired of city life
2년 전 귀농을 시작하셨어.	and started farming 2 years ago.
아저씨께서는 몸에 좋은 아주 신선한	He grows fresh organic vegetables
유기농 야채를 키우셔.	that are very healthy.
햇볕에 일하셔서	Because he works out in the sun,
항상 심하게 타신대.	he always gets sunburns.
가끔 도시 생활이 그리워도	Although he sometimes misses the city life,
야채를 키우면서 새로운 삶을 즐기며	he is enjoying his new life
살고 계셔.	growing his vegetables.

전직 대표

2년 전 귀농

햇볕에 잘 탐

새로운 삶

✓ **former**

[포멀]
(특정한 위치나 지위에 있던) 과거[이전]의

나 그의 전 여자친구 봤어.
I saw his former girlfriend.

✓ **get(be) sick and tired of**

[겟 씩 앤 타이얼 옵]
~에 신물이 나다, 지긋지긋하다

나는 매일 피자를 먹는 게 지긋지긋해.
I am sick and tired of eating pizza every day.

✓ **be healthy**

[비 헬씨]
건강하다, 몸에 좋다

그녀는 정말 건강하다고 들었어.
I heard that she is very healthy.

✓ **out in the sun**

[아웃 인 더 썬]
햇볕에서

항상 햇볕에 있는 건 힘들어.
It is difficult to be out in the sun all the time.

✓ **although**

[얼도우]
~이긴 하지만

이건 작긴 하지만, 나한테는 괜찮아.
Although this is small, it's okay for me.

영단어 Check

president 대표
get sunburn 햇빛에 타다

farming 농사
sometimes 가끔

organic vegetable 유기농 야채
enjoy 즐기다

메이크업 아티스트

MP3

Today's Story

스테파니는 실력 있는 메이크업 아티스트야.	Stephanie is a skilled makeup artist.
그녀에게 트렌드를 따라가는 건 필수야.	For her, keeping up with today's trends is a must.
그녀는 업계에서 유명해.	She is famous in the industry.
그래서 그녀를 고용하고 싶어하는 사람들이 많아.	So, there are a lot of people who want to hire her.
그녀는 패션에도 관심이 있어.	She also has an interest in fashion.
패션 디자이너들을 많이 알고 있어.	She knows many fashion designers.

✓ **skilled**
[스킬드]
실력 있는, 숙련된

나는 이 분야에 실력이 있어.
I'm skilled in this field.

✓ **keep up with**
[킵 업 윗]
~을 따르다, ~에 정통하다

걔는 최신 패션을 잘 따라가.
He keeps up with the latest fashion.

✓ **be a must**
[비 어 머스트]
필수이다

나한테는 아침을 먹는 게 필수야.
For me, having breakfast is a must.

✓ **hire**
[하이얼]
고용하다

우리는 당신을 고용할 거예요.
We'll hire you.

✓ **have an interest in**
[햅 언 인터뤠스트 인]
관심이 있다

그녀는 미술에 관심이 있어.
She has an interest in art.

영단어 Check

artist 아티스트   trend 트렌드, 유행   famous 유명한   industry 업계
fashion 패션   designer 디자이너

Chapter 28 인물
한국으로 유학 온 외국인

MP3

Today's Story

션은 한 달 전에 유학생으로 캐나다에서 왔어.	Sean came as a foreign student from Canada one month ago.
걔가 항상 수업 땡땡이 치고 게으르다는 건 모두가 다 알아.	Everybody knows that he skips classes all the time and is very lazy.
그래서 그런지, 션은 한국말을 잘 못해.	Maybe that is why he can't speak Korean well.
열심히 공부할 거라는데 아무도 안 믿어.	He said he will try to study hard, but nobody believes him.
걔는 자기가 잘생긴 걸 알아서 그런지, 여자애들 관심을 매우 즐겨.	Sean knows he is good looking, so he enjoys the attention from the girls very much.

유학생

게으름

한국말을 잘 못함

주목 받는 걸 좋아함

잘생겼음

✓ **foreign student**
[포린 스튜던트]
유학생

나는 미국에 유학생으로 있었어.
I was in America as a foreign student .

✓ **skip class**
[스킵 클래스]
수업을 빼먹다, 땡땡이 치다

나는 가끔 수업 땡땡이 치는 걸 좋아해.
I like to skip classes sometimes.

✓ **speak well**
[스픽 웰]
~을 능숙하게 말하다

죄송하지만, 저는 영어를 잘 못해요.
I'm sorry, but I can't speak English well .

✓ **hard**
[할드]
열심히

그녀는 예뻐지기 위해서 열심히 운동해.
She exercises hard to get pretty.

✓ **enjoy the attention**
[인조이 디 어텐션]
관심 받는 걸 좋아하다

그녀가 남자 애들한테서 관심을 즐긴다는 건 뻔해.
It is obvious that she enjoys the attention from the boys.

영단어 Check

ago 전에
nobody 아무도

all the time 항상
believe 믿다

be lazy 게으르다
be good looking 잘생겼다

71

SNS 스타

MP3

Today's Story

수진이는 유명한 인스타그램 스타 중
한 명이야.

수진 is one of the famous Instagram
influencers in Korea.

그녀는 명품을 사랑하는
능력 있는 여자야.

She is an intelligent woman
who loves luxurious things.

자신을 위해 투자하는 것을 즐겨.

She loves to invest in herself.

그녀는 패션을 이해하고
관심이 많아.

She understands fashion
and she's really into it.

최신 유행 스타일을 잘 알고 있어.

She keeps up with the latest styles.

그녀가 키우는 강아지의 사진도
자주 올리는데 정말 귀여워.

She often posts pictures of her puppy
and it's super cute.

SNS 스타

명품을 사랑하는 능력자

자신에 투자를 함

패션에 관심이 많음

귀여운 반려견이 있음

✓ **influencer**
[인플루언썰]
영향력 있는 사람

개는 정말 영향력 있는 사람이야.
He's a great influencer .

✓ **invest in**
[인베슽 인]
~에 투자하다

그는 그 회사에 투자했어.
He invested in the company.

✓ **the latest styles**
[더 레이티스트 스따일스]
최신 유행 스타일

난 최신 유행 스타일에 관심이 많아.
I'm interested in the latest styles .

✓ **post**
[포슽]
올리다

개는 새로운 노트북 사진을 올렸어.
He posted pictures of his new laptop.

✓ **super**
[수우펄]
대단한, 굉장히 좋은

이 차 진짜 좋다!
This car is super nice!

영단어 Check

famous 유명한
understand 이해하다

intelligent 똑똑한, 능력 있는
puppy 강아지

luxurious thing 명품

Chapter 30 인물
까다로운 디자이너

MP3

Today's Story

Johnny는 세계적으로 알려진
패션 디자이너야.

Johnny is a globally known
fashion designer.

Johnny는 완벽주의자로 알려져 있고
그의 일에 실수가 없도록 해.

Johnny is known as a perfectionist
and makes sure there are no mistakes
in his work.

그는 일할 때 클래식 음악을 들어야
집중을 할 수 있대.

He says he has to listen to classical music
in order to concentrate.

그의 취미는 요리인데,
그가 제일 잘 만드는 건 봉골레 파스타래.

His hobby is cooking and he says that
his specialty is Vongole pasta.

그의 꿈은 가난한 사람도 살 수 있는
저렴한 옷을 만드는 거야.

His dream is to make affordable clothes
for people that do not have much money.

그는 사람들이 예상하는 것보다
따뜻한 사람이야.

He is more warmhearted
than most people expect.

세계적인 패션 디자이너

완벽주의자

요리가 취미

Today's Idioms & Expressions

perfectionist
[퍼팩셔니스트]
완벽주의자

나는 완벽주의자와는 거리가 멀어.
I'm far from a perfectionist .

make sure
[메익 슈어]
~을 확실히 하다

제시간에 도착할 수 있도록 해주세요.
Please make sure you arrive on time.

specialty
[스페셜티]
전문

네가 잘하는 건 뭐야?
What is your specialty ?

affordable
[어포더블]
저렴한

이건 꽤 저렴해.
This is pretty affordable .

expect
[익스펙]
예상하다, 기대하다

난 너한테 아무것도 기대하지 않아.
I don't expect anything from you.

영단어 Check

be globally known 세계적으로 알려지다   mistake 실수   classical music 클래식 음악
concentrate 집중하다   be warmhearted 마음이 따뜻하다

75

청소 애호가 최표백

MP3

Today's Story

최표백 씨는 지나치게 깔끔하고	최표백 is obsessively clean and
손을 하루에 몇 번씩 씻어야 해.	has to wash his hands many times a day.
최표백 씨는 주름과 얼룩이 없는	He always wears a clean and tidy suit
항상 깨끗하고 정돈된 정장을 입어.	which never has creases and stains.
그는 집을 청소하는 데에 거의 모든	He spends most of his time cleaning
시간을 보내서, 사회 생활이 없어.	his house, so he has no social life.
모두가 표백 씨를 놀려서,	Everybody makes fun of him,
그는 자주 우울해져.	so he often gets depressed.
최표백 씨는 그를 피곤하게 만드는	He is trying hard to get rid of
청소 버릇을 없애려고 열심히	his tiring cleaning habits
노력하고 있고 평범한 삶을 살고 싶어해.	and wants to live normally.

✓ **obsessively**

[업쎄시블리]
집요하게, 지나치게

그녀는 지나치게 걱정해.
She worries obsessively .

✓ **many times a day**

[메니 타임스 어 데이]
하루에 여러 번

나는 걔한테서 하루에 몇 번씩 전화가 와.
I get a phone call from him
 many times a day .

✓ **spend time**

[스펜 타임]
시간을 보내다

난 내 친구들이랑 시간 보냈어.
I spent my time with my friends.

✓ **make fun of**

[메익 펀 옵]
~를 놀리다

나 그만 놀려!
Stop making fun of me!

✓ **get depressed**

[겟 디프레스드]
우울해지다

나는 우울해지면, 음악을 들어.
When I get depressed , I listen to
music.

영단어 Check

clean and tidy 깨끗하고 정돈된   crease 주름   stain 얼룩
social life 사회 생활   get rid of ~ ~을 없애다   cleaning habit 청소 습관

휴식을 즐기는 커리어 우먼

MP3

Today's Story

윤희는 직장에서 항상 프로페셔널 하게 보여.

윤희 always looks professional at work.

동료들에게 평판이 좋고

She has a good reputation

꼼꼼하다는 말을 많이 들어.

and is often told that she is meticulous.

내년에는 승진도 기대하고 있어.

She's looking forward to getting a

promotion next year.

직장에서 최선을 다하기 때문에

She does her best at work,

퇴근 후에는 항상 피곤한 상태야.

so she is always tired when she gets home.

특히 주말엔 완전 집순이야.

She likes to relax at home,

especially on weekends.

맥주 한 캔과 오징어를 즐기면서

She relieves stress by enjoying

스트레스를 푼대.

a can of beer and squid.

프로페셔널

주말 집순이

평판이 좋음

내년 승진 기대

항상 최선을 다함

맥주&오징어

✓ **look professional**
[룩 프로페셔널]
전문적으로 보이다

나 전문가답게 보여?
Do I look professional ?

✓ **be meticulous**
[비 머티큘러스]
꼼꼼하다

우리 엄마는 정말 꼼꼼하셔.
My mom is really meticulous .

✓ **look forward to**
[룩 포월 투]
~을 기대하다, 기다리다

난 주말이 기다려져.
I'm looking forward to the weekend.

✓ **get a promotion**
[게러 프로모션]
승진하다

그녀는 지난 달에 승진했어.
She got a promotion last month.

✓ **relieve stress by**
[륄리브 스트뤠스 바이]
~로 스트레스를 풀다

난 잠으로 스트레스를 풀어.
I relieve stress by sleeping.

영단어 Check

at work 직장에서
relax 휴식을 취하다

reputation 평판
especially 특히

do one's best 최선을 다하다
squid 오징어

MP3

Today's Story

수지는 매년 대회에서 우승하는 프로 골퍼야.	수지 is a pro golfer who wins competitions every year.
그녀는 최고의 자리를 유지하기 위해서 항상 연습해.	She always practices to stay number one.
그녀는 승부욕이 매우 강해서	She is very competitive,
게임에서 지면	so if she loses a game,
연습을 더 열심히 해.	she practices even harder.
그녀는 항상 최선을 다하지.	She always tries her best.
가장 중요한 것은, 그녀는 골프에 열정적이고 자신감이 있어.	Most importantly, she is passionate and confident about golf.

항상 연습

세계 1위 프로골퍼

승부욕이 강함

골프에 열정적

✓ **every year**

[에브리 이얼]
매년, 매해

난 매해 제주도를 방문해.
I visit Jeju Island every year .

✓ **be competitive**

[비 컴페리팁]
승부욕이 강하다

나는 승부욕이 강해서 지는 거 싫어해.
I'm competitive , so I don't like to lose.

✓ **try one's best**

[트라이 원즈 베스트]
~의 최선을 다하다

나는 시험을 통과하려고 최선을 다했어.
I tried my best to pass the exam.

✓ **most importantly**

[모스트 임폴턴리]
가장 중요한 것은

가장 중요한 건 우리가 건강해야 한다는 거야.
 Most importantly , we have to be
healthy.

✓ **be confident**

[비 컨피던트]
자신감이 있다

나 이거에 대해 자신 있어.
I 'm confident about this.

영단어 Check

competition 경쟁, 시합   practice 연습하다   lose 지다   be passionate 열정적이다

MP3

Today's Story

지훈이는 30대 후반인 한국 영화배우야.	지훈 is a Korean actor who is in his late 30s.
많은 유명한 영화에 출연해서	He starred in so many famous movies that
모르면 이상한 거야.	it would be weird not to know him.
그는 많은 중요한 상을 받았고	He has won a lot of important awards
많은 영화 감독들이 자신들의 영화에	and many movie directors want him
그가 출연하기를 원해.	to be in their films.
지훈이는 여가 시간에 활발히 봉사활동을	지훈 actively volunteers during his spare
하고 있고, 널리 알려진 자선단체의	time and he is a patron of a widely known
홍보대사이기도 해.	charity.
그는 지금 연기에서 공백 기간을 가지고	He is taking a break from acting right now,
있는데 곧 새로운 영화로 컴백할 거야.	but he will soon make a comeback with his
	new film.

영화배우

많은 상 수상

자선단체 홍보대사

곧 컴백 예정

연기 공백 중

✓ **be in one's late ( )s**
[비 인 원즈 레잇 ~스]
특정 나잇대의 / (연령대)의 후반이다

나는 20대 후반이야.
I am in my late 20s.

✓ **win**
[윈]
~을 얻다

그녀는 수년간 많은 상을 받아왔어.
She has won many awards over the years.

✓ **during one's spare time**
[듀링 원즈 스페어 타임]
여가 시간 동안

나는 여가 시간에 요리하는 걸 좋아해.
During my spare time, I like to cook.

✓ **patron**
[페이트런]
홍보대사, 후원자

나 이 회사 홍보대사야.
I am a patron of this company.

✓ **take a break from**
[테익 어 브레익 프럼]
~에서 쉬다

난 지금 일 좀 쉬고 있어.
I'm taking a break from my job right now.

영단어 Check

famous 유명한　　award 상　　director 감독　　actively 활발히
volunteer 봉사하다　　charity 자선 단체

Today's Story

동구는 현재 시골에 있는 '장훈의 농장' 근처에 살아.	동구 currently lives near 장훈's farm in the countryside.
걔네 동네에서 래퍼 빈쥐노로 알려져 있어.	In his town, he is known as 빈쥐노 the rapper.
어렸을 때부터 동구는	Ever since he was a kid,
모든 사람 앞에서 랩하는 걸 좋아했어.	he liked to rap in front of everybody.
동구는 아이돌이 되고 싶어하고 목표를 달성하기 위해서는 뭐든지 할 거야.	동구 wants to become an 아이돌 and he will do whatever it takes to achieve his goal.
동구는 자주 서울로 와서 오디션에 참가하지만 심사위원들은 그가 실력이 부족하다고 말해.	He often travels to 서울 to participate in auditions, but the judges tell him he is not good enough.
심사위원들은 동구의 패션이 촌스럽다는 것에 대해서도 지적했어.	The judges also pointed out that his clothing is outdated.
동구는 성공할 때까지 계속 시도할 거래.	동구 says he will keep on trying until he succeeds.

래퍼가 꿈

오디션에 자주 참가

촌스러운 패션

✓ **be known as**

[비 논 에즈]
~로 알려져 있다

그녀는 시원이의 여동생으로 더 알려져 있어.
She is better known as Siwon's little sister.

✓ **ever since**

[에벌 씬스]
~이후로, ~부터

그녀는 어렸을 때부터 교사가 되고 싶어 했어.
She wished to become a teacher ever since she was little.

✓ **do whatever it takes**

[두 왓에버 잇 테익스]
그 무엇이든 하다

나는 거기에 가기 위해 그 무엇이든 할 거야.
I'll do whatever it takes to get there.

✓ **point out**

[포인트 아웃]
지적하다, 가리키다

그는 내 실수를 공개적으로 지적했어.
He pointed out my mistakes in public.

✓ **be outdated**

[비 아웃데이티드]
촌스럽다, 뒤떨어지다

그거 너무 촌스러워!
That is way too outdated!

영단어 Check

countryside 시골 지역   rapper 래퍼   achieve 달성하다   participate 참가하다
judge 심사위원   succeed 성공하다

맛집 주인 할머니

MP3

Today's Story

꽃분 할머니의 전통 한식 음식점은

항상 배고픈 고객들로 꽉 차 있어.

할머니께서는 음식점을 25살 때 여셨는데,

지금은 70대 중반이셔.

50년 넘도록 꽃분 할머니는

요리에 삶을 바치셨어.

할머니 음식의 맛과 가격은 둘 다 훌륭해.

꽃분 할머니는 욕을 많이 쓰시지만

단골 손님들은 그런 할머니를 이해하고

그들을 생각해서 그러신다는 것을 알아.

꽃분 할머니's traditional Korean restaurant

is always full of hungry customers.

She started the restaurant when she was

25 years old and now she is in her mid-70s.

For over 50 years, 꽃분 할머니 has dedicated

her life to cooking.

The taste and price of her dishes are both

excellent.

꽃분 할머니 uses a lot of curse words,

but her regular customers understand

her behavior and know that she cares

about them.

정이 많음

25살에 개업

요리에 삶을 바치심

욕을 잘 하심

훌륭한 음식

Today's Idioms & Expressions

✓ **be full of**
[비 풀 옵]
~로 차다

이곳은 화난 사람들로 가득 차 있어.
This place is full of angry people.

✓ **dedicate**
[데리케잇]
바치다, 헌신하다, 전념하다

나는 여기에 내 인생을 바쳤어!
I dedicated my life for this!

✓ **be excellent**
[비 엑설런트]
훌륭하다, 뛰어나다

이건 훌륭해!
This is excellent !

✓ **curse word**
[컬스 월드]
욕, 악담

욕 좀 그만 쓸래?
Can you stop using curse words ?

✓ **regular customer**
[레귤러 커스터멀]
단골 손님

그녀는 단골 손님이야.
She is a regular customer .

영단어 Check

traditional 전통의
dish 요리

customer 손님
behavior 행동

taste 맛

price 가격

87

뉴욕 경찰관

MP3

Today's Story

크리스는 도넛과 커피를 즐기는 것을 좋아하는
뉴욕 시티 경찰관이야.
그는 뉴욕 시티 경찰관이라는 것에
대단한 자부심을 가지고 있고
모두에게 안전한 도시를 제공하려고
열심히 일해.
그는 배가 많이 나와서 모든 사람들은
그가 누군가를 보호할 수 있다는 것을 의심해.
크리스가 집에 있을 때에는
누구나 바랄 만한 최고의 아빠야.

그는 이 큰 세상에서 그 무엇보다도
가족을 가장 중요시 생각한대.

Chris is a New York City police officer
who loves to have doughnuts and coffee.
He is very proud of being
a New York City police officer
and he works hard to provide
a safe city for everyone.
He has a big belly, so everybody
doubts that he can protect anyone.
When Chris is at home,
he is the best father that anyone could
wish for.
He says he prioritizes his family over
everything in this whole wide world.

뉴욕 시티 경찰관

커피와 도넛을 즐김

최고의 아빠

✓ **be proud of**
[비 프라우드 옵]
~을 자랑스러워 하다, 자부심을 가지고 있다

나는 네가 매우 자랑스러워.
I'm so proud of you.

✓ **doubt**
[다웃]
의심하다, 믿지 않다

난 걔가 올 수 있을지 의심스러워.
I doubt that he can come.

✓ **wish for**
[위시 포]
~을 바라다

그것은 내가 바랄 수 있는 가장 좋은 결과야.
It's the best result that I could wish for.

✓ **prioritize ~ over**
[프라이올타이즈 오버]
~보다 우선으로 생각하다

그녀는 그 무엇보다도 그녀의 강아지를 우선으로 생각해.
She prioritizes her puppy over everything.

✓ **whole wide world**
[홀 와이드 월드]
넓은, 큰 세상

이 넓은 세상에서 네가 최고야!
In this whole wide world, you are the best!

영단어 Check

police officer 경찰관　　　work hard 열심히 일하다　　　provide 제공하다
safe city 안전한 도시　　　belly 배　　　protect 보호하다

Today's Story

용직이는 굉장히 똑똑해.	용직 is very smart.
대학에서 마케팅을 전공했어.	He majored in marketing in college.
졸업 후에, 그는 대기업에 들어가기를 희망했어.	After graduating, he had hoped to get into a big company.
하지만 면접에서 여러 번 떨어졌어.	However, he failed many of his interviews.
그는 회사원이 되기 위해 무엇이든 할 거야.	He is willing to do whatever it takes to be a businessman.
그는 그의 스펙(능력)이 부족했다고 걱정하지만, 단지 운이 안 좋았던 것뿐이야.	He worries he didn't have enough qualification, but he was just not lucky enough.

✓ **hope to**
[홉 투]
~하기를 희망하다

난 그를 만나기를 희망해.
I hope to meet him.

✓ **get into**
[겟 인투]
~에 들어가다

걔 시원스쿨에 어떻게 들어갔어?
How did he get into Siwon School?

✓ **however**
[하우에벌]
그러나, 하지만

하지만 난 거기 가지 않을 거야.
However , I won't go there.

✓ **be willing to do**
[비 윌링 투 두]
기꺼이 ~을 하다

나 뭐든지 기꺼이 할 거야.
I'm willing to do anything.

✓ **be not lucky enough**
[비 낫 럭키 이넢]
운이 안 좋다

난 오늘 운이 안 좋아.
I'm not lucky enough today.

영단어 Check

graduate 졸업하다　　　　　big company 대기업　　　　　fail 실패하다
qualification 능력, 자격 요건

사랑스러운 막내딸

MP3

Today's Story

지연이는 행복한 가정에서 태어났어.	지연 was born into a happy family.
두 명의 오빠가 있고	She has two older brothers,
사랑을 듬뿍 받고 있지.	and she is well-loved.
걔는 인형을 항상 가지고 다니는데,	She carries her doll all the time,
토끼 인형이고 굉장히 오래됐어.	which is a rabbit, and it's very old.
지연이는 말썽꾸러기지만	She is a naughty child,
동시에 사랑스러운 꼬마 아가씨야.	but at the same time,
	she is an adorable little lady.

오빠가 둘 있음

말썽꾸러기

항상 토끼 인형과 함께

사랑스러운 꼬마 아가씨

✓ **be born into**

[비 본 인투]
~에 태어나다

나는 가난한 집안에서 태어났어.
I was born into a poor family.

✓ **be well-loved**

[비 웰 럽드]
사랑을 많이 받다

걔는 사랑을 많이 받고 있어.
He is well-loved .

✓ **all the time**

[올 더 타임]
항상

나는 항상 손톱 관리 받는 걸 좋아해.
I like to have my nails done
all the time .

✓ **naughty**

[너티]
버릇없는, 말썽 많은

넌 정말 말썽꾸러기구나!
You're such a naughty boy!

✓ **at the same time**

[엣 더 세임 타임]
동시에

우리는 동시에 도착했어.
We arrived at the same time .

영단어 Check

older brother 오빠   carry 가지고 다니다   doll 인형   adorable 사랑스러운

발레리나

MP3

Today's Story

리아는 가녀린 몸매에 예쁜 얼굴을 가진
발레리나야.

수많은 일류 공연의 주연이었어.

비록 그녀는 훌륭한 재능으로 많은 사람들에게
존경 받지만, 그녀는 아무에게도 말하지 않은
비밀이 있어.

그녀는 남몰래 힙합과 브레이크댄싱에
푹 빠져 있어.

그녀는 홍대에서 노는 것과 그녀의 실력을
사람들 앞에서 보여주는 것을 좋아해.

그녀는 발레와 브레이크댄싱이라는 두 장르를
결합시켜서 모든 사람들에게 굉장한 공연을
하기를 원해.

리아 is a ballerina with a slim body
and a pretty face.

She was the main ballerina in many
major shows.

Although she is respected by many for
her wonderful talent, she has a secret
that she has never told anyone.

She is secretly in love with hip hop
and break dancing.

She loves to hang out in 홍대 and
show off her skills in front of a crowd.

She wants to combine the two genres of
ballet and breakdancing together and
put on a great show
for everybody.

가녀린 몸매

발레리나

새로운 공연을 원함

✓ **major**
[메이절]
주요한, 중대한

이건 중대한 문제야.
This is a major issue.

✓ **secretly**
[시크릿리]
남몰래, 비밀히

나 걔 몰래 좋아해.
I like him secretly .

✓ **show off**
[쇼 오프]
~을 자랑하다, 과시하다

걔는 차 자랑하는 걸 좋아해.
He likes to show off his car.

✓ **combine**
[컴바인]
결합하다

이 두 개 결합시키지 마.
Do not combine these two.

✓ **put on**
[풋 언]
(공연을) 하다

그들은 놀라운 공연을 했어.
They put on an amazing show.

영단어 Check

ballerina 발레리나
crowd 사람들

be respected by ~로부터 존경 받다
together 함께

hang out 시간을 보내다

Chapter 41 인물
쌍둥이

MP3

Today's Story

싱글이와 벙글이는 일란성 쌍둥이야.

싱글 벙글은 실제 이름이 아니라

걔들의 태명이었어.

걔들은 부모님이 사주는 장난감이랑

음식을 가지고 항상 싸워.

벙글이는 심하게 말썽을 피우고

싱글이를 항상 울게 해.

걔들은 말하기 시작했는데

말할 수 있는 유일한 단어는 '엄마'뿐이야.

걔들 아빠는 주말에 걔들을 돌보는데,

싱글이 벙글이가 너무 못되게 굴어서

걔들 아빠는 걔들과 힘든 시간을 겪어.

싱글 and 벙글 are identical twins.

싱글 and 벙글 are not their actual names,

but were their fetal nicknames.

They always fight over the toys and

food that their parents buy for them.

벙글 is very naughty

and he always makes 싱글 cry.

They have started to speak, but

the only word that they can say is '엄마'.

Their father looks after them

during the weekend, but their father

has a hard time with them

because 싱글 and 벙글 are so naughty.

벙글이
싱글이
항상 싸움
이제 말하기 시작

96   시원스쿨 말하기 영어표현

Today's Idioms & Expressions

✓ **identical**
[아이덴티컬]
똑같은, 일란성

너희들 똑같이 생겼다.
You guys look identical .

✓ **actual**
[액츄얼]
실제

그건 실제 문서가 아니었어.
That was not an actual document.

✓ **fight over**
[파잇 오버]
~을 가지고 씨우디

너희들 아무것도 아닌 것에 그만 싸워!
You guys should stop fighting over nothing!

✓ **look after**
[룩 애프터]
~를 돌보다

우리 할머니께서 나를 돌보셨어.
My grandmother looked after me.

✓ **have a hard time**
[햅 어 헐드 타임]
힘든 시간을 보내다

난 걔랑 항상 힘들어.
I always have a hard time with him.

영단어 Check

fetal nickname 태명   parents 부모   word 단어   weekend 주말

운동 매니아

MP3

Today's Story

찬미는 운동하는 것을 정말 좋아하는데,

특히 밖에서 달리는 것을 좋아해.

항상 좋아하는 노래를 들으면서 운동해.

충분히 땀을 내고 나면 기분이 좋아진대.

덕분에 그녀는 전보다 훨씬 건강해졌어.

찬미 really likes to exercise.

She especially likes to run outside.

She always listens to her favorite songs while exercising.

She feels good after sweating a lot.

Due to that, she is much healthier than before.

노래 들으며 운동

운동을 좋아함

건강함

땀 내고 나면 기분 좋음

Today's Idioms & Expressions

✓ **listen to**

[리쓴 투]
~을 듣다

난 클래식 음악을 듣는 걸 좋아해.
I like to listen to classical music.

✓ **while**

[와일]
~동안에

운전 중에는 폰을 보지 마.
Don't look at the phone while driving.

✓ **feel good**

[필 귿]
기분이 좋다

오늘 기분이 좋네.
I feel good today.

✓ **due to**

[듀 투]
~때문에

날씨 때문에 우린 나갈 수 없어.
We can't go out due to the weather.

✓ **비교급+than before**

[댄 비포얼]
전보다 더 ~한

너 전보다 더 예뻐졌다.
You look prettier than before.

영단어 Check

exercise 운동하다   especially 특히   outside 밖에서   favorite 특히 좋아하는
sweat 땀을 흘리다   healthy 건강한

99

자유여행 사진작가

MP3

Today's Story

운식이는 사진작가이고 그의 모자와

엄청 큰 카메라는 그의 트레이드마크야.

그를 누구나 쉽게 알아볼 수 있어.

왜냐하면 그의 모자와 카메라는

정말 눈길을 끌거든.

운식이는 현지 사람들 사진을 찍으며

전세계를 여행하는 데에 많은 시간을 보내.

걔는 활발한 성격을 가지고 있어서

새로운 문화에 쉽고 빠르게 적응할 수가 있어.

운식이는 외모에 신경 쓰지 않기 때문에,

다른 사람들에게 매력적으로 보이지 않아.

하지만, 그의 아내는 그를 매력적이게 하는

무언가가 있다고 해.

운식 is a photographer and his hat

and his huge camera are his trademarks.

Anyone can easily notice him

because his hat and his camera are

so eye-catching.

운식 spends a lot of time traveling around

the world taking pictures of local people.

He has an outgoing personality

so he can fit into new cultures easily and

quickly.

Since 운식 doesn't care about his looks,

he doesn't look appealing to others.

However, his wife says there is something

about him that makes

him attractive.

사진작가
활발한 성격
현지 사진 전문

✓ **trademark**
[트레잇맠]
트레이드마크

그게 네 트레이드마크인 거야 뭐야?
Is that your trademark or what?

✓ **be eye-catching**
[비 아이캐칭]
눈길을 끌다

그의 빨간 바지는 정말 눈길을 끌어.
His red pants are so eye-catching .

✓ **local people**
[로컬피플]
현지 사람들

현지 사람들한테 물어보자.
Let's ask the local people .

✓ **look appealing**
[룩 어피일링]
매력적으로 보이다

그 드레스는 너를 매력적으로 보이게 해.
That dress makes you look appealing .

✓ **there is something**
[데얼 이즈 썸띵]
무언가가 있다

나 너한테 말 안 한 게 있어.
There is something that I didn't tell you.

영단어 Check

photographer 사진작가   notice 알아보다   spend time 시간을 보내다
fit into ~ ~에 적응하다   culture 문화

Chapter 44 인물

비행기 항공사 직원

MP3

Today's Story

사람들은 창민이가 승무원을 하기 위해 태어났다고 생각해. 왜냐하면 그의 제복은 그에게 정말 잘 어울리거든.

게다가, 그의 웃는 얼굴은 항상 모든 승객들에게 좋은 인상을 남겨.

창민이는 또 긍정적인 사고방식을 가지고 있고 편안하고 쾌적한 환경을 모두에게 만들어 줘.

몇몇의 짜증나는 승객들이 그를 귀찮게 해도, 창민이는 침착함을 유지하려고 노력해.

걔가 그러는데 그가 모든 승객들의 요구를 모두 만족시켰을 때 가장 행복하다고 해.

People think 창민 **was born to be** a flight attendant because his uniform **suits him** so well.

In addition, his smiling face always **makes a great impression** on all the passengers.

창민 also **has a positive attitude** and creates a relaxing and comfortable environment for everybody.

Even though some annoying passengers **bother** him, 창민 **tries to stay calm**.

He says he is **at his happiest** when he is **satisfying** all the passengers' needs.

제복이 잘 어울림 ←⋯⋯

승무원

웃는 얼굴 ←⋯⋯

긍정적인 사고방식 ←⋯⋯

⋯⋯→ 언제나 침착함 유지

✓ **be born to be**

[비 본 투비]
~하기 위해 태어나다

나는 선생님을 하기 위해 태어났어!
I was born to be a teacher!

✓ **suit**

[쑷]
(옷이) 어울리다

미안한데, 그 셔츠 너한테 안 어울리는 것 같아.
I'm sorry, but I don't think that shirt suits you.

✓ **in addition**

[이너디션]
게다가, 더

게다가, 나는 그것보다 더 있어.
In addition , I have more than that.

✓ **a great impression**

[어 그뤠잇 임프레션]
좋은 인상

내가 걔들한테 좋은 인상을 남겼어?
Did I make a great impression on them?

✓ **be at one's happiest**

[비 앳 원즈 해피이스트]
가장 행복하다

나는 집에서 아무것도 안 할 때, 가장 행복해.
When I am at home doing nothing, I am at my happiest .

영단어 Check

flight attendant 승무원   passenger 승객   positive attitude 긍정적인 태도
environment 환경   bother 귀찮게 하다

바리스타 신혜

MP3

Today's Story

신혜는 시원벅스에서 바리스타로 일해.

신혜 works as a barista at 시원벅스.

손님들한테 테이블로 커피를 서빙하기도 해.

She even serves coffee to customers at their table.

그녀는 이제 막 일을 시작해서

She just started working,

많은 실수를 해.

so she makes a lot of mistakes.

하지만 그녀는 누구보다 열정적이야.

However, she is more passionate than anyone else.

그녀는 언젠가 세계적인 바리스타가

She wants to become a world-famous

되고 싶어해.

barista someday.

실수를 많이 함

바리스타

이제 막 일 시작

열정적

월드 바리스타 지망생

✓ **work as**
[워얼크 애즈]
~로 일하다

나는 여기서 매니저로 일해.
I work as a manager here.

✓ **serve**
[써얼브]
제공하다, 서빙하다

이거 저 테이블에 서빙해.
Serve this to that table.

✓ **just start**
[저스트 스탈트]
막 시작하다

쇼가 방금 시작했어.
The show just started.

✓ **make a mistake**
[메이커 미스테잌]
실수를 저지르다

더 이상 실수하지 않을게.
I won't make a mistake anymore.

✓ **want to become**
[원 투 비컴]
~이 되고 싶다

내 동생은 선생님이 되고 싶어해.
My brother wants to become a teacher.

영단어 Check

barista 바리스타
world-famous 세계적으로 유명한

customer 손님
someday 언젠가

passionate 열정적인

PART

02

사물묘사편

MP3

Today's Story

이 여행 가방은 크고 단단한 커버로 되어 있어서

안에 있는 짐이 보호될 수 있어.

표면은 빨간색인데

안에는 호피 무늬의 천이 있어.

아래에는 바퀴 4개가 있어서

이동할 때 아주 편리해.

This suitcase is big and has a hard cover

so the items inside can be protected.

The surface is red

but on the inside, it has a leopard-print

patterned cloth.

On the bottom, it has four wheels,

so it is very convenient when moving

around.

빨간색 표면

호피 무늬 천

단단한 커버

여행 가방

바퀴 4개

✓ **item**
[아이템]
짐, 물품

이 물품들은 나한테 소중해.
These items are precious to me.

✓ **protect**
[프로텍]
보호하다

내가 너 보호해 줄 수 있어.
I can protect you.

✓ **surface**
[설피스]
표면

이 바닥의 표면은 너무 미끄러워.
The surface of this floor is too slippery.

✓ **on the bottom**
[언 더 바럼]
아래에

아래에 아무것도 없어.
There's nothing on the bottom.

✓ **be convenient**
[비 컨비니언트]
편리하다

이 새로운 시스템은 매우 편리해!
This new system is so convenient!

영단어 Check

suitcase 여행 가방
cloth 천

leopard-print 호피 무늬
wheel 바퀴

patterned 무늬가 있는
move around 돌아다니다

Chapter 02 사물
책가방

MP3

Today's Story

그녀의 책가방은 눈에 잘 띄어.	Her backpack stands out.
핫 핑크색이고	It is hot pink,
반짝거리는 재질로 만들어져 있어.	and it is made of materials that shine.
어깨 끈은 굉장히 편안하고	The shoulder straps are very comfy
쿠션이 있어서	and cushioned,
책가방은 메고 다니기 편해.	so the backpack is easy to carry.

편안함

쿠션처리

핫핑크

반짝거림

책가방

✓ **stand out**

[스탠 아웃]
쉽게 눈에 띄다

네 모자가 너 완전 눈에 띄게 해.
Your hat makes you really stand out .

✓ **be made of**

[비 메이드 옵]
~으로 만들어졌다

이건 나무로 만들어졌어.
This is made of wood.

✓ **be comfy**

[비 컴피]
편안하다

이거 진짜 편해.
This is really comfy .

✓ **be cushioned**

[비 쿠션드]
쿠션이 있다, 푹신푹신하다

이 카펫은 푹신푹신해.
This carpet is cushioned .

✓ **be easy**

[비 이지]
편하다

이 노트북은 사용하기 편해.
This laptop is easy to use.

영단어 Check

backpack 책가방
shine 반짝이다

hot pink 진한 분홍색
shoulder strap 어깨 끈

material 재료
carry 가지고 다니다

핸드백

MP3

그녀가 가지고 싶어하는 핸드백은
소가죽으로 만들어진 것이어야 하고
브라운이어야 해.
안에는 많은 수납 공간이 있어야 하고
지퍼가 꼭 있어야 해.
아무것에나 다 어울리기 위해서
디자인은 무난해야 해.

The handbag that she wants
has to be made from cowhide
and be brown.
It needs to have a lot of storage space
on the inside and has to have a zipper.
The design needs to be ordinary
in order to go well with anything.

많은 수납공간

무난함

소가죽

지퍼는 필수

Today's Idioms & Expressions

✓ **need to have**

[닏 투 햅]
~이 있어야 한다

나 내 핸드폰 당장 있어야 해.
I need to have my phone right now.

✓ **storage space**

[스토리지 스페이스]
수납 공간

나는 이게 수납 공간이 많지 않아서 싫어.
I don't like that this doesn't have much storage space.

✓ **on the inside**

[언 디 인사이드]
안에, 내부에, 안쪽에

안에 뭐 있어?
Is there something on the inside?

✓ **be ordinary**

[비 올디네리]
무난하다, 평범하다

내 복장은 너무 평범해.
My outfit is too ordinary.

✓ **go well with**

[고우 웰 윗]
~과 어울리다

이 가방 네 복장이랑 잘 어울린다.
This bag goes well with your outfit.

영단어 Check

handbag 핸드백
design 디자인

cowhide 소가죽
in order to ~하기 위하여

zipper 지퍼
anything 아무것

Chapter 04 사물

모빌

MP3

Today's Story

싱글이 벙글이 침대 위에는

모빌이 있어.

이 모빌은 다양한 인형들이 달려 있고

아주 귀여워.

이건 원으로 움직이고 잔잔한 노래도 나와.

이 모빌이 돌아가고 음악이 나오지 않으면

쌍둥이들은 잠자리에 들려고 하지 않아.

Above 싱글 and 벙글's bed,

there is a mobile.

This mobile has various dolls on it,

and it is very cute.

It moves in circles and soft music even

comes out.

The twins won't go to sleep

unless the mobile is spinning

and playing music.

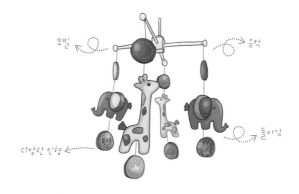

모빌   음악

다양한 인형   돌아감

✓ **above**
[어법]
위에

조명들이 내 바로 위에 있어.
There are lights right above me.

✓ **move**
[무브]
움직이다

아무것도 안 움직여.
Nothing is moving .

✓ **go to sleep**
[고루 슬립]
자다

우리 엄마가 자라고 하셨어.
My mother said to go to sleep .

✓ **unless**
[언레스]
~하지 않는 한

비가 그치지 않는 한, 나는 집에 있을래.
Unless the rain stops, I'll stay home.

✓ **spin**
[스핀]
돌다

그거 계속 돌고 있어.
It keeps spinning .

영단어 Check

doll 인형
soft music 부드러운 음악

be cute 귀엽다
come out 나오다

in circles 원으로

Today's Story

요즘엔 많은 종류의 인형이 있어.	These days, there are many kinds of dolls.
많은 아이들이 인형을 가지고 놀아.	Many children play with them.
가장 유명한 건 바비인형이지.	Barbie dolls are the most famous ones.
바비인형을 가지고,	With Barbie dolls,
아이들은 옷을 갈아 입힐 수 있고	kids can dress them up,
머리를 땋을 수 있고	braid their hair,
다른 방식으로 포즈를 취하게 할 수도 있어.	and make them pose in different ways.

다양한 옷

바비인형

다양한 포즈 가능

✓ **play with**
[플레이 윗]
~와 놀다

나 너랑 놀고 싶지 않아.
I don't want to play with you.

✓ **dress somebody up**
[드뤠스 썸바리 업]
~를 옷을 갖춰 입히다

걔 옷 차려 입혀.
Dress him up .

✓ **braid one's hair**
[브레이드 원즈 헤어]
~의 머리를 땋다

우리 엄마가 내 머리 땋아 주셨어.
My mother braided my hair .

✓ **pose**
[포우스]
자세를 취하다

카메라에 포즈 취해.
Pose for the camera.

✓ **in different ways**
[인 디프런 웨이스]
다른 방식으로

우리 모두 다른 방식으로 발표를 했어.
We all made presentations
in different ways .

영단어 Check

these days 요즘   kind 종류   famous 유명한

미니 자동차

MP3

Today's Story

이 장난감 차들은 아주 다양하고	These toy cars are very diverse
진짜 자동차처럼 생겼어.	and look like real cars.
유명한 자동차 모델들의 작은 형태야.	They are smaller versions of popular car models.
건전지는 자동차의 밑면에 끼울 수 있고,	A battery can be put in the bottom of
그 차들은 스스로 움직이기도 해.	the cars, and they move by themselves.
차들이 달릴 때에는	When they are running,
불빛과 소리도 나와.	lights and sounds also come out.

장난감 자동차

불빛&소리

스스로 움직임

Today's Idioms & Expressions

be diverse
[비 다이벌스]
다양하다

우리는 모두 다양해.
We are all diverse .

look like
[룩 라잌]
~인 것처럼 보이다

너 연예인처럼 보여.
You look like a celebrity.

version
[버전]
형태, ―판

그 노래엔 여러 버전이 있어.
That song has many different versions .

put in
[풋 인]
끼우다

내가 사진 액자에 끼웠어.
I put the picture in the frame.

by oneself
[바이 원 셀프]
(남의 도움 없이) 스스로

걔들 스스로 이거 다 했어?
Did they do this all by themselves ?

영단어 Check

popular 인기 있는
move 움직이다

model 모형
light and sound 빛과 소리

battery 건전지
come out 나오다

119

플레이박스

MP3

Today's Story

플레이박스만 있으면	When you have the Playbox,
여러 종류의 많은 게임을 할 수 있어.	you can play many different types of games.
액션 게임부터 스포츠 게임까지	From action games to sports games,
다양한 게임을 즐길 수 있어.	you can enjoy various games.
플레이박스는 게임기들 중에	The Playbox is one of the most popular
가장 인기 있는 것들 중에 하나야.	game consoles.
디자인도 매우 고급스러워서	Its design is also very classy,
전혀 게임기처럼 보이지 않아.	so it does not look like a game console
	at all.

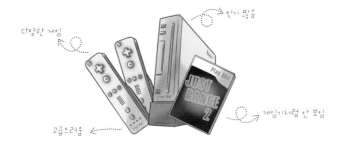

다양한 게임

인기 많음

고급스러움

게임기처럼 안 보임

✓ **different types of**

[디프런 타입스 옵]
여러 종류의

여러 종류의 맛이 있어.
There are many different types of flavors.

✓ **from A to B**

[프럼 투]
A부터 B까지

나는 처음부터 끝까지 모두 좋았어.
From the beginning to the end, I liked everything.

✓ **game console**

[게임 컨솔]
게임기

게임기들은 수년간 크게 발전해왔어.
Game consoles have been developed greatly over the years.

✓ **be classy**

[비 클레시]
고급스럽다, 품격이 있다

이 소파 고급스럽다.
This sofa is classy.

✓ **not at all**

[낫 앳 올]
전혀 ~하지 않은

너 20대처럼 전혀 안 보여.
You don't look like you are in your 20s at all.

영단어 Check

action 액션   sports 스포츠   one of the most 가장 ~한 것 중 하나
design 디자인

시샥

MP3

창민이의 시샥 시계는

많은 남자들이 원하는 시계야.

시곗줄과 시계 앞면은 검정으로 되어있는데,

숫자 마크, 글자,

시곗바늘은 금색으로 되어있어.

오로지 시간만을 알려주는 일반 시계와는

다르게 시샥 시계는 정말 유용한 정보를

제공해줘.

시계 앞면에는 LED 라이트가 있어서

어두운 곳에서도 시간을 확인할 수 있어.

창민's C-SHOCK watch is a watch

that many men desire.

The watch's strap and face are black

but the number marks, lettering,

and the hands of the watch are gold.

Unlike the regular watches that only

tell time, the C-SHOCK watch provides

really useful information.

The face of the watch has LED lights,

so you can also tell the time in the dark.

유용한 정보 제공 / LED 라이트 / 시크한 블랙 & 골드 / 남자들의 애정템

✓ **desire**

[디자이어]
바라다, 원하다

개는 여기에 있기를 원해.
He desires to be here.

✓ **regular**

[레귤러]
일반적인, 평범한

그녀는 평범한 십 대 소녀야.
She is just a regular teenage girl.

✓ **tell time**

[텔 타임]
시간을 알려주다

시간 좀 알려주시겠어요?
Can you please tell me the time?

✓ **really useful**

[뤼리 유즈풀]
정말 유용한

그는 정말 유용한 메시지를 전달했어.
He delivered some really useful messages.

✓ **in the dark**

[인 더 덜크]
어둠 속에서

너 어두운 곳에서 뭐해?
What are you doing in the dark?

영단어 Check

strap 줄
unlike ~와 달리

face (시계의) 앞면
provide 제공하다

mark 표시
information 정보

이워치

MP3

Today's Story

이워치는 다른 디지털 시계들과
비슷해 보이지만, 이워치는 많은 유용한
기능을 가지고 있어.

The eWatch looks like any other digital
watches, but the eWatch has many
useful functions.

예를 들어서, 누군가 창민이의 핸드폰으로
전화하면,

For example, if someone calls
창민's cellphone,

그의 이워치도 같이 울려.

his eWatch also rings.

화면이 꺼지면
날짜와 시간이 보여지지만,

When the screen is off,
the date and the time are shown,

화면이 켜져 있으면
많은 앱들이 보여질 수 있어.

but when the screen is on,
many applications can be seen.

핸드폰과 연동

날짜 & 시간

많은 기능

어플 사용 가능

✓ **function**
[펑션]
기능

난 이거 유용한 기능이 별로 없는 것 같아.
I don't think this has many useful functions .

✓ **for example**
[폴 익샘플]
예를 들어

예를 들어서, 사람들은 야근하는 거 싫어해.
For example , people don't like to work overtime at night.

✓ **ring**
[링]
울리다

내 핸드폰 방금 울렸어?
Did my cellphone just ring ?

✓ **be shown**
[비 숀]
보여지다

내 화면에 아무것도 안 보여져.
Nothing is shown on my screen.

✓ **application**
[앱플리케이션]
어플리케이션

넌 어플리케이션이 너무 많아.
You have too many applications .

영단어 Check

useful 유용한
screen 화면

someone 어떤 사람, 누구
date and time 날짜와 시간

cellphone 핸드폰
on 켜져 있는

보렉스

MP3

창민이가 여자친구를 위해
사주고 싶어하는 보렉스 시계는
아주 비싼 시계야.
그건 모든 시계들 중에서도
가장 비싸.
이 시계는 메탈이고 전반적인 색상은
메탈릭 실버와 회색이야.
흥미롭게도, 이 시계는 숫자 자리 대신에
다이아몬드가 있어.

The Bolex watch that
창민 wants to get for his girlfriend
is a very expensive watch.
It is the most expensive out of all the
watches.
This watch is metal, and the overall
color is metallic silver and gray.
Interestingly, the watch has diamonds
in place of numbers.

메탈릭 실버

다이아몬드

숫자 없음

✓ **be the most**
[비 더 모스트]
가장 ~하다

이게 가장 중요한 임무야.
This is the most important task.

✓ **out of all**
[아웃 옵 올]
모든 것들 중에서

모든 사람들 중에, 네가 제일 예뻐!
Out of all the people, you are the prettiest!

✓ **overall**
[오버럴]
전반적인

전반적인 반응은 괜찮았어.
The overall response was okay.

✓ **interestingly**
[인트뤄스팅리]
흥미롭게도

흥미롭게도 아이들이 숙제를 해놨더라고.
Interestingly, the kids had done the homework.

✓ **in place of**
[인 플레이스 옵]
~을 대신해서

요즘에는 사람들이 현금 대신에 신용카드를 써.
Nowadays, people use credit cards in place of cash.

영단어 Check

girlfriend 여자친구   be expensive 비싸다   color 색
metallic 금속성의   diamond 다이아몬드   number 숫자

Chapter 11 사물
마이폰

Today's Story

마이폰의 액정은 정말 쉽게 깨져서
한국에서는 '설탕폰'으로도 알려져 있어.

The myPhone screen cracks easily,
so in Korea, it is also known as the
'Sugar Phone'.

마이폰은 새로운 모델이 나올 때마다
앞 화면이 점점 커지는 것처럼 보여.

Every time new models of the myPhone
come out, it seems like the front screen
gets larger.

아랫 부분에는 홈 버튼이 있는데
홈 화면으로 돌아갈 때 사용돼.

On the bottom part, there is a home
button and it is used to go back to the
home screen.

핸드폰 뒤에는 수박인 회사 로고가 있어.

The back of the phone has the brand
logo, which is a watermelon.

마이폰

아래에 홈 버튼

수박 로고

화면이 점점 커짐

✓ **crack**

[크랙]
금 가다, 깨지다

내 핸드폰 화면 방금 깨졌어!
My phone screen just cracked !

✓ **every time**

[에브리 타임]
~할 때마다

네가 노래를 부를 때마다, 나는 머리가 아파.
Every time you sing, I get a headache.

✓ **come out**

[컴 아웃]
나오다

아직 안 나온 것 같아.
I don't think it came out yet.

✓ **seem like**

[씸 라익]
~처럼 보이다

그는 좋은 하루를 보내고 있는 것처럼 보이더라.
He seems like he is having a good day.

✓ **be used**

[비 유즈드]
사용되다, 쓰이다

이건 오랜 시간 동안 쓰여질 수 있어.
This can be used for a long time.

영단어 Check

screen 화면   front 앞   large 큰   button 버튼
brand logo 브랜드 상표   watermelon 수박

Today's Story

GL Q4의 매력은 뒷부분이
가죽으로 만들어졌다는 거야.

The charm of the GL Q4 is that the back
part is made of leather.

Q4는 손에서 미끄러지지 않고
한 손에 편하게 쥐어질 수 있어.

The Q4 doesn't slip out of hands and
it can be held comfortably in one hand.

홈 버튼은 뒤에 있어서
처음 사용할 때 조금 불편해.

The home button is on the back,
so it is a bit difficult to use at first.

몇몇 사람들은 Q4의 사진 화질은
마이폰의 것처럼 좋다고 해.

Some people say that the Q4's picture
definition is just as good as the myPhone's.

홈버튼은 뒤에

선명한 화질

가죽

편안한 그립감

✓ # charm
[참]
매력

넌 진짜 매력 있는 여자야.
You are a woman of great charm .

✓ # slip out of
[슬립 아웃 옵]
~에서 미끄러지다

그게 내 손에서 미끄러졌어.
It slipped out of my hands.

✓ # at first
[앳 펄스트]
처음에는

처음에는 네가 안 좋아할 수도 있어.
You might not like it at first .

✓ # definition
[데피니션]
화질, 선명도

이 TV는 화질이 좋지 않아.
This TV isn't high- definition .

✓ # be just as good as
[비 저스트 애즈 굿 애즈]
~못지 않게 좋다

내 노트북은 네 것만큼 좋아.
My laptop is just as good as yours.

영단어 Check

leather 가죽　　　　　hold 잡고 있다　　　　　comfortably 편안하게
some people 일부의 사람들

새로 출시된 갤록시 메모5의 배터리는

핸드폰에 일체형이라

뺄 수 없어.

핸드폰 자체가 매우 반사적이어서

이건 거울 같아.

아래에는 작은 펜이 들어가 있는데,

노트를 쓰는 데 사용돼.

화면에 긁힌 자국이 나지 않도록

보호 필름도 있어.

The newly released Galoxy Memo5's

battery is integral to the phone,

so you can't remove it.

The phone itself is very reflective,

so it is like a mirror.

On the bottom, a little pen is inserted,

and it is used to write notes.

There is a protective film on the screen

to prevent scratches, as well.

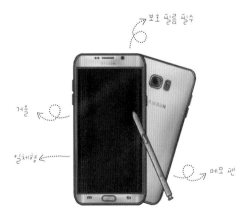

보호 필름 필수

거울

일체형

메모 펜

✓ **newly released**

[뉴얼리 릴리스드]
새로 출시된

이게 새롭게 출시된 차야.
This is the newly released car.

✓ **integral**

[인테그럴]
내장된

나는 배터리가 핸드폰에 내장되어 있어서 좋아.
I like that the battery is integral to the phone.

✓ **remove**

[리무브]
빼다, 제거하다

네가 뺐어?
Did you remove it?

✓ **be reflective**

[비 리플렉팁]
반사적이다

그건 너무 비치네.
That is way too reflective.

✓ **as well**

[애즈 웰]
~도, 또한, 역시

나도 있어.
I have it as well.

영단어 Check

pen 펜
protective film 보호 필름

insert 끼우다
prevent 방지하다

write 쓰다
scratch 긁힌 자국

Today's Story

샤오미의 색은 핫 핑크색이고	The color of the Jiaomi is a hot pink
여자들 사이에서 인기가 많아.	color and it is popular among the
	ladies.
샤오미의 왼쪽에는	On the left side of the Jiaomi,
SIM 카드를 넣을 수 있는 공간이 있고,	there is a space for inserting SIM cards
다른 핸드폰과 다르게 SIM 카드	and, unlike other phones,
2개를 넣을 수 있어.	you can insert 2 SIM cards.
핸드폰 뒷부분에는 스피커가 있는데	There is a speaker on the back part of
음량은 정말 크고 깔끔해.	the phone and the volume is very loud
	and clear.

핫 핑크

SIM 카드 2개

스피커 짱

✓ **among**

[어몽]
~중에

그룹들 중에 우리가 가장 높은 점수를 받았어.
Among the groups, we have the highest score.

✓ **space**

[스페이스]
공간

나는 공간이 많이 없어.
I don't have much space .

✓ **insert**

[인설트]
끼우다, 넣다

카드를 기계에 넣어.
Insert your card into the machine.

✓ **volume**

[발륨]
음량

음량 좀 낮춰 줄래?
Can you turn down the volume ?

✓ **loud and clear**

[라우드 앤 클리어]
크고 또렷한, 선명한

나 네 말 크고 또렷하게 들려.
I hear you loud and clear .

영단어 Check

lady 여자
unlike ~와 달리

left side 왼쪽
speaker 스피커

SIM card 휴대전화 속의 개인 정보 카드
back 뒤쪽의

파운데이션

MP3

Today's Story

파운데이션은 화장의 가장 기본적인 종류야.	Foundation is the most basic type of makeup.
각각 다른 피부 타입에 근거한 다양한 파운데이션이 있어.	There are various foundations based on different skin types.
병 위에는 펌프가 있어서 사용하는 양을 조절할 수 있어.	On the top of the bottle, there is a pump, so you can adjust the amount to use.
뚜껑도 있어서 먼지가 안으로 들어가는 것을 방지해.	There is also a cap and it prevents dust from getting inside.
병은 주로 투명 유리로 만들어져서 색과 얼마나 남았는지 확인할 수 있어.	The bottle is usually made of clear glass, so you can check the color and how much is left.

펌프 뚜껑

다양한 색상

화장의 기본

유리병

Today's Idioms & Expressions

✓ **based on**
[베이스드 언]
~에 근거한

이것은 사실에 근거를 두고 있어.
This is based on a fact.

✓ **adjust**
[얻저스트]
조절하다

조금 조절해야 해.
I need to adjust it a little.

✓ **amount**
[어마운트]
양

이건 딱 맞는 양의 소금이야.
This is the right amount of salt.

✓ **prevent**
[프리벤]
방지하다, 막다

우리는 더 이상의 사고를 방지해야 해.
We have to prevent further accidents.

✓ **check**
[첵]
확인하다

한 번만 더 확인해 줄래?
Can you check it just one more time?

영단어 Check

basic type 기본형
pump 펌프

makeup 화장
cap 뚜껑

different 다른
dust 먼지

Chapter 16 사물
아이라이너

MP3

Today's Story

아이라이너는 눈을 더 뚜렷하게 만들어 줘.

연필 아이라이너는 정말 연필처럼 생겼고

아이라이너를 연필처럼 깎아야 해.

아이라이너 끝에 뚜껑을 열면,

스펀지가 있고, 그건 아이라인을

더 자연스럽게 보이도록 하는 데 쓰여.

Eyeliner makes your eyes more defined.

The pencil eyeliner really looks like

a pencil and you have to sharpen it

like one.

When you take off the cap at the end of

the eyeliner, there is a sponge and it is

used to make the eye line look more

natural.

깎아서 사용

연필 타입

EYELINER

끝에 스펀지

✓ **define**
[디파인]
윤곽을 분명히 나타내다

눈은 마스카라로 뚜렷해져.
Eyes are defined by mascaras.

✓ **sharpen**
[샤픈]
날카롭게 하다, 깎다

나 연필 깎아야 해.
I need to sharpen my pencil.

✓ **take off**
[테익 오프]
뜯다, 벗다, 빼다

포장지 뜯어야 해.
You need to take off the wrapper.

✓ **at the end**
[앤 디 엔드]
끝에

끝에 뭐 있어?
What's at the end ?

✓ **natural**
[내추럴]
자연스러운

네 머리 색 자연스러워 보여.
Your hair color looks natural .

영단어 Check

pencil 연필
sponge 스펀지

really 정말로, 실제로
be used 사용되다

cap 뚜껑
eye line 아이라인(화장법)

블러셔

MP3

Today's Story

블러셔는 얼굴이 생기 넘치게 보이도록

하는 데 중요한 역할을 해.

블러셔의 뚜껑을 열면

거울과 브러시가 있어.

블러셔를 다 쓰면

안에 다 쓴 부분을 빼고

새로운 리필로 교체할 수 있어.

The blusher plays an important role

in making the face look lively.

When you open the lid of the blusher,

there is a mirror and a brush.

When you finish the blusher,

you can take out the used part,

and replace it with a new refill.

거울

얼굴이 생기 넘치게

브러시

리필 교체 가능

☑ **role**
[롤]
역할

개는 중요한 역할을 맡은 배우야.
He is an actor who has the major role .

☑ **lively**
[라이블리]
생기 넘치는

그거 정말 생기 넘치는 색이다.
That is such a lively color.

☑ **finish**
[피니시]
마저 쓰다, 끝내다

그 책 마저 읽어.
Finish reading the book.

☑ **take out**
[테익 아웃]
제거하다, 빼다

이것 좀 빼주시겠어요?
Would you take this out for me?

☑ **replace**
[리플레이스]
교체하다

이거 저걸로 교체하고 싶어.
I would like to replace this with that.

영단어 Check

important 중요한
used part 사용된 부분

lid 뚜껑
new 새로운

brush 붓
refill 충전 제품(리필 제품)

립스틱

MP3

Today's Story

얼마나 많이 사든지 간에	You can never have enough lipstick
충분한 립스틱을 소유할 수 없어.	no matter how much of it you buy.
중간 부분을 잡고	When you hold the middle part
밑 부분을 시계 방향으로 돌리면	and turn the bottom part clockwise,
립스틱이 나와.	the lipstick comes out.
이건 크림 같은 질감이어서	It has a creamy texture, so it can be
입술에 부드럽게 발릴 수 있어.	smoothly applied to the lips.
립스틱을 입술 위에 계속 바르면	When you keep applying the lipstick onto
색상이 진해져.	your lips, the color becomes darker,
그래서 너무 많이 바르지 않도록 조심해야 해.	so you have to be careful not to put on
	too much.

바를수록 진해짐

크리미한 질감

시계방향으로 돌리기

사도사도 모자람

✓ **no matter**
[노 메러]
~하더라도

네가 뭘 하든 난 널 지지해.
No matter what you do, I support you.

✓ **clockwise**
[클락 와이스]
시계 방향으로

시계 방향으로 돌아 주세요.
Please turn clockwise .

✓ **texture**
[텍스쳐]
감촉, 질감

이 카펫 감촉이 부드러워.
This carpet has a soft texture .

✓ **apply**
[어플라이]
바르다

여드름에는 바르면 안 돼.
You shouldn't apply it on pimples.

✓ **be careful**
[비 케어풀]
조심하다

이거 다룰 때 조심해야 돼.
You have to be careful when handling this.

영단어 Check

enough 충분한
creamy 크림 같은

middle 중간
smoothly 부드럽게

part 부분
dark 짙은

비엠비

MP3

Today's Story

BMV N 시리즈는 자주
남자들의 원조 드림차라고 언급돼.

The BMV N series is often referred to as the original dream car for men.

이것의 본래 디자인이 너무 인기 있어서 몇몇
사람들은 새로운 디자인보다 그걸 더 좋아해.

Its original design is so popular that some people prefer it over newer designs.

션은 차에 튜닝을 해서,

Sean made tunings to his car,

그 차는 달릴 때

so when the car is running,

아주 강력한 소리를 내.

it makes a powerful noise.

N 시리즈는 또 레이서들이 가장 좋아하는 것
이고, 그것은 또한 부드러운 승차감을 제공해.

The N series is also the racers' favorite, and it also provides a smooth ride.

N 시리즈

남자들의 드림차

부드러운 승차감

튜닝 가능

M PN5357

원조 디자인이 인기

✓ **be referred to as**

[비 리펄 투 애즈]
~로 불리다, 언급되다

개는 호들갑 떠는 애로 언급돼.
He is referred to as the drama queen.

✓ **original**

[오리지널]
원래의, 본래의

나는 새 것보다 원래의 것이 좋아.
I like the original more than the new one.

✓ **powerful**

[파워풀]
강력한

나는 그게 그렇게 강력할 거라 예상 못했어.
I didn't expect it to be so powerful.

✓ **favorite**

[페이버릿]
가장 좋아하는 것

빨간색이 내가 가장 좋아하는 색이야.
Red is my favorite.

✓ **provide a smooth ride**

[프로바이드 어 스무드 라이드]
부드러운 승차감을 제공하다

안타깝게도, 내 새로운 차는 부드러운 승차감을 제공하진 않아.
Unfortunately, my new car doesn't provide a smooth ride.

영단어 Check

series 시리즈
run 달리다

prefer ~을 더 좋아하다
make 만들다

tuning 튜닝
racer 자동차경주 선수

Chapter 20 사물
아오디

MP3

Today's Story

아오디는 차체가 정말 낮아서
땅에 닿을 것처럼 보여.

The main body of the Aodi is very low, so it looks like it is going to touch the ground.

원래는, 이 차가 흰색이었는데
랩핑이 되어서
지금은 무광 회색이야.

Originally, this car was white, but because it has been wrapped, it is now matte gray.

이 차는 문이 2개이고
이건 2인용 차량이야.

This car has two doors and it is a two-seater vehicle.

흥미롭게도, 이 차의 엔진은 앞에 위치한 것이
아니라 뒤에 있어.

Interestingly, this car's engine is not located in the front, but in the back.

이 차의 뒷부분은 투명한 유리로 만들어져 있
어서, 엔진이 밖에서 보여.

The back part of this car is made of clear glass, so the engine is visible from the outside.

무광 랩핑
엔진이 뒤에
낮은 차체
2인용 차량

✓ **be low**

[비 로우]
낮다

너 혈압이 너무 낮아.
Your blood pressure is too low .

✓ **it is now**

[잇 이즈 나우]
이제/지금 ~이다

이제 내 차례야.
It is now my turn.

✓ **a two-seater vehicle**

[어 투 씨러 비히클]
2인용 자동차

나는 내 미래의 차가 2인용 차이길 원해.
I want my future car to be
a two-seater vehicle .

✓ **be located**

[비 로케이티드]
위치해 있다

내가 얘기해 온 레스토랑은 부산에 위치해 있어.
The restaurant that I have been
talking about is located in Busan.

✓ **be visible**

[비 비저블]
보이다

여기서는 별 안 보여.
Stars are not visible from here.

영단어 Check

(car) body 차체   touch 닿다   ground 땅
wrap 싸다, 포장하다   matte 무광의   outside 밖

Chapter 21 사물
람보르디니

MP3

Today's Story

람보르디니는 너무 비싸서

부유한 사람들만 소유해.

이 차의 문들은 정말 특이한데,

왜냐하면 위로 열리거든.

람보르디니를 수리하는 것은 많은 비용이

들어서, 특별 관리는 필수야.

오로지 차 몇 대만이 세계적으로 팔렸어.

왜냐하면 이 모델은 한정판이거든.

The Lamborghdini is so expensive

that only wealthy people own them.

Its doors are very unique

because they open in an upward direction.

It costs a lot to repair a Lamborghdini,

so special care is necessary.

Only a few cars were sold worldwide

because this model is a limited edition.

특별 관리는 필수

문이 위로 열림

수리 비용이 비쌈

한정판

✓ **be expensive**
[비 익스펜십]
비싸다

내가 사고 싶은 재킷은 너무 비싸.
The jacket that I want to buy is too expensive .

✓ **own**
[오운]
소유하다

저 남자가 이 식당을 소유하고 있어.
That man owns this restaurant.

✓ **be unique**
[비 유닠]
특이하다

이거 진짜 특이하다.
This is very unique .

✓ **upward**
[업 월드]
위쪽을 향한

걔 자동차 문은 위로 열려.
His car's doors open in an upward direction.

✓ **be necessary**
[비 네세서리]
필요하다

병원을 가보는 게 필요한 것 같아.
I think it is necessary to go see a doctor.

영단어 Check

open 열리다	cost 비용이 들다	repair 수리하다
special care 특별 관리	worldwide 전 세계적으로	limited edition 한정판

149

레인지 로비아

MP3

Today's Story

새로 출시된 비보크는

컨버터블 SUV야.

다른 SUV와 비교해 봤을 때, 크기가 더 작아.

하지만 많은 양의 물건을 수용할 수 있는

트렁크를 가지고 있어.

한국 차들과 달리 운전석이 오른쪽에 있어.

이 SUV는 컨버터블이기 때문에,

좋은 가을 날씨에 드라이브하기에

완벽한 차량이야.

The newly released Bvoque is
a convertible SUV.

Compared to other SUV's, it is smaller.

However, it has a trunk that can
accommodate a great amount of things.

Unlike Korean cars, the driver's seat is
on the right.

Because this SUV is a convertible,
it is the perfect vehicle for driving in
nice fall weather.

운전석이 오른쪽

드라이브 하기 좋은 차

큰 트렁크

작은 SUV

✓ **convertible**
[컨버터블]
지붕을 접어 넣을 수 있는 차

네 차 컨버터블 아니야?
Isn't your car a convertible ?

✓ **accommodate**
[어커머데이트]
수용하다

내 트렁크가 네 짐 수용할 수 있어.
My trunk can accommodate your stuff.

✓ **unlike**
[언라잌]
~와는 달리

나와는 달리, 우리 오빠는 매우 외향적이야.
Unlike me, my brother is very outgoing.

✓ **on the right**
[언 더 롸잇]
오른쪽에

네 안경 네 오른쪽에 있잖아!
Your glasses are on your right !

✓ **nice**
[나이스]
좋은

참 좋은 날씨다!
It's a nice weather!

영단어 Check

newly released 새로 출시된
a great amount 많은 양

compared to ~와 비교하다
vehicle 차량

trunk 트렁크
fall weather 가을 날씨

MP3

Today's Story

앞 표면에는 브랜드 로고가 있고	The top surface has a brand logo
노트북이 켜질 때	and when the laptop is starting,
불이 켜져.	the lights turn on.
운식이가 노트북을 열면,	When 운식 opens the laptop,
아래에 있는 키보드와	he can use its keyboard and
마우스패드를 쓸 수 있어.	the mousepad on the bottom.
원래는 검정색인데	It was originally black,
운식이가 파란색 커버를 씌웠어.	but 운식 put a blue cover on it.
왼쪽 편에는 USB 선을 위한 공간이 있는데	On the left side, there are spaces for
운식이한테는 부족한 것 같아.	USB cables, but it seems like there are
	not enough for 운식.

브랜드 로고

파란색 커버

원래는 검정색

USB 선 공간

✓ **brand logo**
[브랜 로고]
상표

우리 브랜드 로고 바꿔야 할 것 같아.
I think we should change our
brand logo .

✓ **turn on**
[턴 온]
(불을) 켜다

불 좀 켜줄래?
Can you turn on the lights for me?

✓ **open**
[오픈]
열다

이것 좀 열어줘.
Please open this.

✓ **on the left side**
[언 더 레프트 사이드]
왼쪽에

이거 네 왼쪽에 있어야 해.
This has to be on the left side of you.

✓ **be not enough for**
[비 낫 이넙 포]
~에게 모자라다, 작다, 충분하지 않다

이거 나한테 부족해!
This is not enough for me!

영단어 Check

surface 표면
cover 덮개, 커버

keyboard 키보드
cable 케이블, 선

mousepad 마우스 패드
seem like ~처럼 보이다

Chapter 24 사물

갤패드

MP3

Today's Story

갤패드의 배터리는 오랫동안 가서
몇 시간 동안 사용할 수 있어.
갤패드로 게임을 하거나 일을 할 때
배터리가 다 되는 것에 대해
걱정 안 해도 돼.
또 하나의 장점은
갤패드는 이중분할 윈도우가 가능해서
여러 가지를 스크린에서 한 번에
볼 수 있다는 것이야.

The Galpad's battery lasts a long time,
so you can use it for several hours.
When you play games or do work on
the Galpad, you don't have to worry
about the battery dying.
Another advantage is that
the Galpad allows dual windows,
so you can see several things
on the screen at one time.

긴 배터리 수명

이중분할 화면

장시간 사용 가능

✓ **several hours**
[세버럴 아월스]
몇 시간

나 몇 시간이나 기다렸어.
I've waited for several hours .

✓ **worry about**
[워리 어바웃]
~에 대해 걱정하다

걱정하지 마.
Don't worry about it.

✓ **die**
[다이]
사라지다, 없어지다

내 전화 배터리 다 썼어.
My phone battery just died .

✓ **advantage**
[어드밴티지]
장점

먼저 하는 것의 장점은 일찍 집에 갈 수 있다는 거야.
The advantage of going first is that you can go home early.

✓ **at one time**
[앳 원 타임]
한꺼번에, 동시에

한 번에 끝내자.
Let's finish it at one time .

영단어 Check

last 지속되다
do work 일하다, 작업하다

long time 오랫동안
battery 배터리

play game 게임을 하다
dual window 이중분할 화면

Today's Story

이 아이탭은 가격은 조금 비싼데	This iTab is a bit pricey
그 가격의 값어치는 있어.	but it is worth the price.
터치 스크린이어서	It is a touch screen,
그것을 작동하기 위해 손가락만을	so you only have to use your fingers
사용해도 돼.	to operate it.
그리고 블루투스에 연결되어 있을 때,	Also, when it is connected to Bluetooth,
무선 키보드도 사용할 수 있어.	you can use a wireless keyboard.
마지막으로, 많은 유용한 어플들을	Lastly, you can download many useful
아이탭에 다운 받을 수 있어.	apps on the iTab.

블루투스 연결 가능

조금 비쌈

터치 스크린

유용한 어플 다운

✓ **be worth the price**

[비 월쓰 더 프라이스]
그 가격만한 가치가 있다

이거 완전 가격 가치가 있었어.
This definitely was worth the price .

✓ **operate**

[오퍼레잇]
가동시키다, 작동시키다

우리 당장 기계들을 작동시켜야 해!
We have to operate the machines now!

✓ **be connected to**

[비 커넥팃 투]
~와 연결되다

내 전화기 블루투스에 연결됐어.
My phone is connected to Bluetooth.

✓ **wireless**

[와이얼리스]
무선

네 키보드 무선이야?
Is your keyboard wireless ?

✓ **lastly**

[레스틀리]
마지막으로

마지막으로, 그의 의견을 들어보자.
Lastly , let's listen to his opinion.

영단어 Check

be pricey 비싸다
Bluetooth 블루투스

touch screen 터치 스크린
download 다운받다, 내려받다

finger 손가락
useful 유용한

Chapter 26 사물
디케이앤

MP3

Today's Story

비데인저러스 향수는

사과 모양처럼 생긴 병에 나오는데

과일 향도 나.

이 향수의 주요 성분은

풋사과래.

자세히 맡아 보면

오이비누 향도 나.

그 향은 뛰어날 정도로 오래도록 지속되어서,

아침에 뿌리고 나오면

저녁 때까지 그 향이 여전히 남아 있어.

The Be Dangerous perfume comes in

a bottle shaped like an apple,

and it also smells fruity.

The main component of this perfume

is green apples.

If you smell it closely,

it also smells like cucumber soap.

The scent lasts outstandingly long,

so when you spray it in the morning,

the smell is still there until the evening.

풋사과가 주 성분

과일 향

BE DANGEROUS

지속력 최고

오이비누 향

Today's Idioms & Expressions

✓ **come in**
[컴인]
(상품이) 나오다, 들어오다, 출시되다

내 새 가방이 예쁜 상자에 담겨 왔어.
My new bag come in a pretty box.

✓ **shaped like**
[셰입드 라잌]
~의 모양을 한, ~처럼 생긴

이건 모래시계처럼 생겼어.
This is shaped like an hourglass.

✓ **main**
[메인]
주요, 가장 큰

이건 이 공연의 주요 행사야.
This is the main event of the show.

✓ **last**
[래스트]
지속하다

그 회의는 이틀 동안 지속됐어.
The meeting lasted for two days.

✓ **outstandingly**
[아웃스탠딩리]
두드러지게, 뛰어나게

우리의 프로젝트는 두드러지게 성공적이었다.
Our project was outstandingly successful.

영단어 Check

smell 냄새가 나다
green apple 풋사과

fruity 과일 향
cucumber 오이

component 성분
spray 뿌리다

Today's Story

마데모아젤은 평범한 향이지만,	Mademoisele is a common scent,
동시에 아주 매력적인 향이지.	but at the same time, it is also a very attractive scent.
이 향수는 매일 사용하기보다	This perfume is for those dates when
옷을 갖춰 입은 그런 날들을 위한 거야.	you dress up rather than for daily use.
가격이 꽤 비싸기 때문에	Because it is quite expensive,
많은 사람들이 면세점에서 구매하는 것을	a lot of people prefer to buy it at the
선호해.	Duty-Free Shop.

특별한 날 사용

비싼 가격

면세점 구매

매력적인 향

✓ **scent**

[센트]
향기

나 걔 향수 냄새 싫어.
I don't like the scent of her perfume.

✓ **for those dates**

[폴 도우스 데잇츠]
그런 날짜, 날들

그 복장은 멋진 게 필요할 때 하는 그런 날의 복장이야.
That outfit is for those dates when you need something nice.

✓ **for daily use**

[폴 데일리 유즈]
매일 사용을 위한

이 가방은 매일 사용하기에 완벽해.
This bag is perfect for daily use.

✓ **quite**

[콰잇]
꽤, 상당히

이 박스는 꽤 무거워.
This box is quite heavy.

✓ **Duty-Free Shop**

[듀리 프리 샵]
면세점

나 면세점에서 너무 많이 샀어.
I bought too many items at the Duty-Free Shop.

영단어 Check

common 평범한   at the same time 동시에   attractive 매력적인
be expensive 비싸다   prefer 선호하다

지케이

MP3

Today's Story

Gk Two 향수는 여성이 좋아하는 남자 향수 1위로 뽑힌 향수야.	GK Two perfume is the perfume that was picked as the women's preferred number 1 men's perfume.
이 향은 자연스럽고 상쾌한 향이어서 누구에게나 어울려.	The scent is very natural and fresh, so it smells good on anyone.
병과 향도 심플해서 쉽게 질리지 않아.	The bottle and the scent are also very simple, so you don't get sick of it easily.
이것은 남녀 공용 향수여서 여자들도 사용할 수 있어.	It is a unisex perfume, so women can also use it.
병 아래를 보면 모조품인지 아닌지를 구별할 수 있어.	When you look at the bottom of the bottle, you can tell if it is fake or not.

남자 향수 1위

상쾌한 향

GK
two
Galvin Klein

남녀 공용

✓ **be picked**
[비 픽트]
뽑히다

나 반장으로 뽑혔어.
I was picked as the class president.

✓ **fresh**
[프레시]
상쾌한

나 상쾌한 공기 좀 쐬야겠어.
I need to get some fresh air.

✓ **on anyone**
[온 애니원]
누구에게나, 누구에게도

이건 누구에게나 잘 어울릴 거야.
This will look great on anyone.

✓ **unisex**
[유니섹스]
남녀 공용

이건 남녀 공용 청바지야.
These are unisex jeans.

✓ **fake**
[페익]
가짜의, 거짓의

이거 가짜야?
Is this fake?

영단어 Check

scent 향
get sick of ~에 싫증나다

natural 천연의, 자연스러운
bottle 병

simple 단순한
tell 구별하다

보테가베네탁

MP3

Today's Story

보테가베네탁 머니 클립은 전체가 가죽으로 만들어져 있고 이것의 심플함이 독특한 스타일에 가미되어있어.

이 머니 클립은 현금을 제자리에 고정시킬 수 있는 금속 피스가 있고, 다른 한쪽에는 카드를 보관할 수 있어.

바지 뒷주머니 속에 편안하게 딱 맞도록 이 머니 클립은 작고 얇게 디자인되어있어.

The Bottega Venetag money clip is made completely of leather and its simplicity adds to its unique style. This money clip has a metal piece that can hold the bills in place, and on the other side, you can store cards. In order for it to fit comfortably in the back pocket, this money clip is designed to be small and slim.

가죽

독특한 디자인

작고 얇음

현금과 카드

✓ **completely**

[컴플릿리]
완전히

너 완전 달라 보여!
You look completely different!

✓ **simplicity**

[심플리시티]
간단함

정답은 간단함이야.
The key is simplicity.

✓ **on the other side**

[온 디 어덜 사이드]
반대쪽, 다른 쪽

반대쪽에는 뭐 있어?
What's on the other side?

✓ **store**

[스토얼]
보관하다

이거 상온에 보관해도 되나요?
Can I store it at room temperature?

✓ **fit**

[핏]
(사람·사물에) 맞다

이 티셔츠 나한테 잘 맞아.
This T-shirt fits well on me.

영단어 Check

money clip 지폐 클립   leather 가죽   add 덧붙이다
metal piece 금속 피스   in place 제자리에   back pocket 뒷주머니

프라따

MP3

Today's Story

프라따는 여자들이	Pradda understands that women
지갑에 돈뿐만 아니라	not only carry money in their wallets,
카드, 악세서리, 화장품까지	but also cards, accessories,
들고 다닌다는 것을 파악하고 있어.	and even makeup.
그게 그들이 지갑의 수납공간을	That is why they enlarged the storage
넓힌 이유야.	space of their wallets.
이 지갑에 끈을 연결하면	If you connect a strap to the wallet,
클러치 백으로 사용할 수 있어.	you can use it as a clutch bag.
안에는 네임카드와 품질 보증 카드가	On the inside, there is a name card and
들어가 있어.	a guarantee card.

끈으로 연결 가능

가방인지 지갑인지

PRADDA

넓은 수납공간

품질 보증 카드

✓ **understand**

[언더스탠드]
이해하다, 파악하다

네가 무슨 말하는지 알겠어.
I understand what you are saying.

✓ **carry**

[캐뤼]
들다, 가지고 다니다

걔는 항상 큰 가방을 들고 다녀.
He carries a big bag all the time.

✓ **enlarge**

[인랄쥐]
확장하다

우리 집 확장해야 해.
We need to enlarge our house.

✓ **connect**

[커넥]
연결하다

나는 이 끈을 가방에 연결했어.
I connected this string to the bag.

✓ **guarantee card**

[개런티 칼드]
보증 카드

보증 카드 가지고 계신가요?
Do you have your guarantee card with you?

영단어 Check

wallet 지갑	card 카드	accessory 액세서리
makeup 화장품	storage space 수납공간	strap 끈

지미추

MP3

Today's Story

이건 스틸레토 힐이라고 불리고	These are called stilettos and
하이힐 종류 중 하나야.	they are a type of high-heeled shoe.
힐이 아주 높아서	Since the heels are very high, you
신으면 키가 매우 커져.	become very tall when wearing them,
그리고 많은 영화배우들이	and many movie stars love these types
이런 종류의 신발을 정말 좋아해.	of shoes.
아름다움도 중요하지만	Even though beauty is important,
발의 상태를 생각한다면	if you care about the condition of your
하이힐을 자주 신는 것은 좋은 생각이 아니야.	feet, it is not a good idea to wear high heels often.

신으면 키가 커짐

영화배우 애장품

스틸레토 힐

✓ **type of**
[타입 옵]
~의 종류

이건 내가 좋아하는 종류의 음악이야!
This is my type of music!

✓ **even though**
[이븐 도우]
~이긴 하지만

나는 아프긴 하지만, 일 가야 해.
Even though I am sick, I have to go to work.

✓ **be important**
[비 임폴턴]
중요하다

이게 그렇게 중요해?
Is this that important?

✓ **condition**
[컨디션]
상태

걔 상태 좋아.
He is in a great condition.

✓ **be a good idea**
[비 어 굿 아이디어]
좋은 생각이다

그랑 다투는 건 좋은 생각이 아니야.
It is not a good idea to argue with him.

영단어 Check

high 높은
beauty 아름다움

tall 키가 큰
care about ~에 신경 쓰다

movie star 영화 배우
often 자주

169

도리버치

MP3

Today's Story

이 신발은 플랫이라고 불리지만

발레리나 신발이라고도 알려져 있어.

신발 뒷부분은 고무밴드로 되어 있어서,

발에 착용하기가 쉬워.

이 신발은 내구성이 좋고

오래 가.

바닥에 사이즈가 적혀 있기 때문에

발에 딱 맞는 완벽한 사이즈를

쉽게 찾을 수 있어.

These shoes are called flat shoes, but
they are also known as ballerina shoes.
The back part of the shoes is elasticated,
so they are easy to put on your feet.
These shoes are durable, and they last
a long time.
Because the size is written on the bottom,
you can easily find the perfect size that
fits your feet.

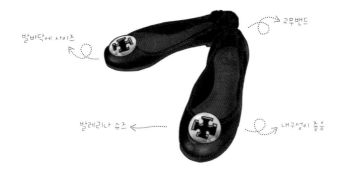

발바닥에 사이즈

고무밴드

발레리나 슈즈

내구성이 좋음

Today's Idioms & Expressions

✓ **be called**

[비 컬드]
~로 불리다

이건 레인부츠로 불려.
These are called rain boots.

✓ **be elasticated**

[비 일레스티케이티드]
고무밴드를 대다

이 치마는 고무 밴드로 되어 있어서, 굉장히 편해.
This skirt is elasticated, so it is very comfy.

✓ **be durable**

[비 듀러블]
내구성이 좋다

이 신발 내구성 좋아?
Are these shoes durable?

✓ **because**

[비커어스]
~때문에

나는 네가 잘생겼기 때문에 좋아!
I like you because you are handsome!

✓ **be written**

[비 뤼튼]
적혀 있다

여기에 아무것도 안 적혀 있어.
There is nothing written here.

영단어 Check

back part 뒷부분   put on ~을 신다   foot 발
find 찾다   perfect 완벽한   fit 맞다

171

빗플랍

MP3

Today's Story

이 플립플롭은 그냥 보통 플립플롭이 아니야.	These flip flops are not just ordinary flip flops.
쿠션감이 아주 뛰어나서,	The cushioning is excellent,
신었을 때 매우 편해.	so when worn, they are very comfy.
앞쪽에 빛나는 반짝이는	The shiny glitter on the front can be
이 브랜드의 특징 중에 하나라고 볼 수 있어.	seen as one of the characteristics of this brand.
이 플립플롭은 정장을 제외하고	These flip flops go well with almost any
거의 아무 옷차림과도 잘 어울려.	outfit, except for formal attire.
가격이 비싸기 때문에	Since they are pricey,
조심히 다뤄야 해.	you have to treat them with care.

반짝이

매우 편함

어느 옷에나 잘 어울림

쿠션감 좋음

✓ **ordinary**
[올디네리]
보통의

이건 보통이랑은 거리가 멀어.
This is far from being ordinary.

✓ **cushioning**
[쿠셔닝]
쿠션감

이 소파의 쿠션감은 놀라워.
The cushioning of this sofa is amazing.

✓ **formal attire**
[포멀 어타이어]
정장

걔 왜 정장 차림이야?
Why is he dressed in formal attire?

✓ **be pricey**
[비 프라이시]
(가격이) 비싸다

내가 사고 싶은 노트북은 너무 비싸.
The laptop that I want to get is way too pricey.

✓ **treat ~ with care**
[트릿 윗 케어]
~을 조심히 다루다, 잘 보살피다

우리 모두 이거 조심히 다뤄야 해.
We all have to treat this with care.

영단어 Check

be comfy 편하다   glitter 반짝이   characteristic 특징
almost 거의   outfit 복장   except 제외하고는

퍼켄스탁

MP3

Today's Story

이 퍼켄스탁은 특별한	These Pirkenstock shoes don't have any
디자인은 없는데,	special design on them,
인기가 많아서 다른 업체들이	but since they are so popular,
그들의 디자인을 따라 하려고 해.	other companies try to copy their design.
신발이 굉장히 가볍고 편안해서	The shoes are so light and comfortable
매일 신을 수 있어.	that you can wear them every day.
안타깝게도 신발 밑창은	Unfortunately, the soles of these shoes
누벅 재질로 만들어져 있어서,	are made of nubuck, so it is uncomfortable
긴 시간 동안 신으면 불편해.	when worn for a long time.

Today's Idioms & Expressions

✓ **have any**
[햅 애니]
~이 있다

개 키우는 애완동물 있어?
Does she have any pets?

✓ **copy**
[카피]
따라하다, 베끼다

내 거 따라하지 마!
Don't copy mine!

✓ **be light**
[비 라잇]
가볍다

내 새로운 핸드폰 커버 정말 가벼워.
My new cellphone cover is so light.

✓ **be uncomfortable**
[비 언컴퍼러블]
불편하다

내 자리 불편해.
My seat is uncomfortable.

✓ **for a long time**
[폴 어 롱 타임]
장기간, 오랫동안

나 아주 오랫동안 기다렸어.
I have waited for a very long time.

영단어 Check

special 특별한
be comfortable 편안하다

since ~때문에
be made of ~으로 구성되다

other company 다른 회사
nubuck 누버크(가죽의 한 종류)

175

MP3

Chapter 35 사물
헌토

Today's Story

비 오는 날에는 헌토 레인부츠가 최고야.

그 부츠는 고무로 만들어져서

항상 발의 마른 상태를 유지시켜 줘.

근데 이 신발의 단점 중의 하나는

기장이 거의 무릎까지 와서

신고 벗는 것이 꽤 어려워.

On a rainy day, Huntor boots are the best.

The boots are made of rubber,

so they keep your feet dry at all times.

However, one of the boots' flaws is that,

since they come up almost to the knee,

it is quite difficult to put them on and

take them off.

고무

비 오는 날 최고

신고 벗기 어려움

기장이 김

✓ **on a rainy day**

[언 어 레이니 데이]
비 오는 날

비 오는 날 집에 있는 게 최고야.
On a rainy day , staying home is the best.

✓ **be the best**

[비 더 베스트]
최고다

네 발표가 최고였어.
Your presentation was the best .

✓ **at all times**

[엣 올 타임스]
항상, 언제나

나는 항상 웃으려고 노력해.
I try to smile at all times .

✓ **however**

[하우에버]
그러나, 하지만

하지만, 우리는 여전히 해야 돼.
However , we still have to do it.

✓ **flaw**

[플러]
단점, 결함

이 보고서에는 결함이 없어.
There are no flaws in this report.

영단어 Check

rubber 고무	dry 마른	come up ~까지 오다
almost 거의	quite 꽤	take off 벗다

Chapter 36 사물

토스

MP3

Today's Story

신혜는 가을에 토스 로퍼를 신어.

이 신발은 빨간색이고

발가락 부분의 모양은

약간 정사각형이야.

이 신발의 디자인은 자칫 밋밋해

보일 수 있는데, 위에 신발 끈은 멋있는

매듭으로 묶여 있어.

비싼 가격일 뿐만 아니라

이 신발은 쉽게 닳는 재질로 만들어져 있어.

신혜 wears TOSS loafers in autumn.

These shoes are red

and the shape of the toe part

is slightly square.

The design of these shoes might seem

boring, but the shoe laces on the top

are tied in a stylish bow.

These shoes are not only expensive,

but also made of materials that can

wear out easily.

빨간색

매듭

정사각형 모양

쉽게 닳는 재질

✓ **in autumn**

[인 어텀]
가을에

가을에 단풍잎 보러 가자.
In autumn , let's go see the maple leaves.

✓ **slightly**

[슬라잇리]
약간, 조금

목소리 조금 올려주시겠어요?
Could you raise your voice slightly ?

✓ **boring**

[보어링]
지루한, 밋밋한

그 책 매우 지루했어.
That book was so boring .

✓ **stylish**

[스타일리쉬]
멋진

걔들 그다지 멋지지 않아.
They aren't very stylish .

✓ **wear out**

[웨어 아웃]
헐다, 닳다

내가 가장 좋아하는 청바지가 닳았어.
My favorite jeans have worn out .

영단어 Check

shape 모양
shoe lace 신발 끈

toe 발가락의
tie 묶다

square 정사각형 모양의
bow 매듭

Today's Story

모든 신발들 중에서 그 어느 신발도
이 허그보다 따뜻한 신발은 없어.
한겨울에도 이 신발이 있으면
따뜻한 발을 유지할 수 있어.
신발 안에는 전부 털로 되어 있어서
처음에는 조금 답답하게 느낄 수 있어.
이 신발은 많은 종류의 복장에 어울리고
모든 연령대의 사람들에게 인기가 있어.

Out of all shoes, there are no shoes
that are as warm as these Huggs.
Even in midwinter, if you have these
shoes, you can keep your feet warm.
Inside the shoes, they are lined with fur,
so at first, they might feel stuffy.
These go well with many kinds of looks
and they are popular with people of all
ages.

겨울용 부츠

안쪽은 털

신발 중에 가장 따뜻함

인기 많음

✓ **warm**
[웜]
따뜻한

여기 안은 따뜻하다.
It's warm in here.

✓ **midwinter**
[믿윈터]
한겨울

나는 한겨울에 감기에 자주 걸리는 편이야.
In midwinter, I tend to catch a lot of colds.

✓ **line with**
[라인 윗]
~으로 안을 대다

이 모자는 털로 되어 있어.
This hat is lined with fur.

✓ **stuffy**
[스터피]
답답한

여기 안에 왜 이렇게 답답해?
Why is it so stuffy in here?

✓ **look**
[룩]
스타일, 겉모습

나는 걔의 스타일이 싫어.
I don't like his looks.

영단어 Check

fur 털
go well with ~와 어울리다

at first 처음에는
people of all ages 모든 연령대의 사람들

feel 느끼다

Today's Story

슈콤마보미 부츠에는	On the Suecomma Bommie boots,
장식이 아주 많은데	there are a lot of decorations,
특히 버클이 있어.	especially buckles.
굽은 그리 높지 않아서 편해.	The heels are not so high,
	so they are comfortable.
이 부츠의 겉은 검정색이지만,	Even though the outside of the boots is
안에 재질은 파란색이고	black, the material inside is blue,
이 색들은 좋은 조합이야.	and these colors are a good combination.
이 부츠는 버클 때문에	These boots make a sound when
걸어 다닐 때 소리를 내.	you're walking because of the buckles.

겉은 검정
버클
안은 파랑
높지 않은 굽

Today's Idioms & Expressions

✓ **decoration**
[데코레이션]
장식

이 장식들 필요했던 거야?
Were these decorations necessary?

✓ **especially**
[이스페셜리]
특히

나는 특히 수요일에 집에 일찍 가는 걸 좋아해.
I like to go home early, especially on Wednesdays.

✓ **not so**
[낫 소우]
그렇게

그의 아이디어는 그다지 기발하지 않아.
His idea is not so brilliant.

✓ **material**
[머티리얼]
자재, 재질

여기에 쓰인 재질은 그다지 좋지 않아.
The material used for this is not so great.

✓ **good combination**
[굿 컴비네이션]
좋은 조합

파스타와 와인은 좋은 조합이야.
Pasta and wine are a good combination.

영단어 Check

buckle 버클
color 색

even though ~이긴 하지만
make a sound 소리가 나다

outside 바깥쪽
walk 걷다

183

지반시

MP3

Today's Story

지반시 티셔츠는 앞에 커다란 일러스트가

있는데 굉장히 예술적이야.

이 티셔츠는 검은색이어서

일러스트가 정말 쉽게 눈에 띄어.

인기가 많은 배우가 이 티셔츠를 입은 이후로

많은 사람들이 똑같은 것을 구매했어.

이 티셔츠의 재질이 바람을 잘 통하게 해줘서

더운 여름에도 굉장히 시원해.

This Gibancy T-shirt has a big illustration

on the front and it is very artsy.

Because this T-shirt is black,

the illustration really stands out.

Since a popular actor wore this T-shirt,

many people have bought the same one.

The material of this T-shirt lets a lot of air

in, so it is very cool even during the hot

summer.

검정 바탕

통풍 좋음

여름에 시원

예술적인 일러스트

✓ **illustration**

[일러스트레이션]
삽화

우리 다섯 개의 삽화가 더 필요해.
We need five more illustrations .

✓ **be artsy**

[비 알씨]
예술적이다

걔는 굉장히 예술적이야.
He is very artsy .

✓ **actor**

[엑터]
배우

그 사람은 내가 가장 좋아하는 배우야.
He is my favorite actor .

✓ **let a lot of air in**

[렛 어랏 옵 에어 인]
안에 바람이 많이 들다

이 창문들은 바람이 잘 들어.
These windows let a lot of air in .

✓ **be cool**

[비 쿨]
시원하다

냉장고 안에 음료들 시원해?
Are the drinks inside the refrigerator cool ?

영단어 Check

front 앞면   stand out 눈에 띄다   buy 사다
same one 같은 것   even ~도, 조차   hot summer 더운 여름

185

MP3

Today's Story

이 톰 크라운 반바지는 바지 전체가
스트라이프이고, 작은 꽃게 무늬들이
많이 있어.

이 반바지의 주목할 만한 특징들 중 하나는
바지 뒷면에 있는 태그야.

이 반바지는 여름에 인기가 많고,
워낙 디자인이 독특해서
뛰어난 패션 감각을 가진 사람들과
잘 어울려.

The Tom Crowne shorts have stripes all over them,and there are many little crab designs.

One of the noticeable characteristics of these shorts is the tag on the back.

These shorts are popular in the summer and, since the design is so unique,

they match well with people who have an outstanding sense of fashion.

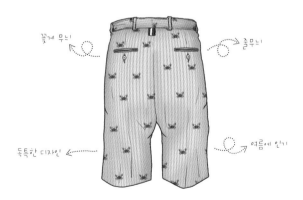

꽃게 무늬

줄무늬

독특한 디자인

여름에 인기

✓ **all over**
[얼 오버]
전체에, 모든 곳에

네 몸 전체에 있는 거 뭐야?
What is that all over your body?

✓ **noticeable**
[노티서블]
주목할 만한

그의 개인기는 주목할 만했어.
His skill was noticeable .

✓ **characteristic**
[캐릭터리스틱]
특징

그녀의 큰 눈은 독특한 특징이야.
Her big eyes are her distinctive characteristic .

✓ **match well**
[매치 웰]
잘 어울리다

이 티셔츠 이 스커트랑 잘 어울릴 것 같아?
Do you think this T-shirt will match well with this skirt?

✓ **outstanding sense of**
[아웃스탠딩 센스 옵]
~에 뛰어난 감각

그들은 뛰어난 유머 감각을 가지고 있어.
They have an outstanding sense of humor.

영단어 Check

shorts 반바지
tag 꼬리표

stripes 줄무늬
be unique 독특하다

crab 게
fashion 패션

Today's Story

더 웨스트페이스 조끼 패딩은	The Westface vest is suitable
겨울 날씨만을 위한 것이 아니라	not only for winter weather,
봄과 가을 날씨에도 적합해.	but also for spring and fall weather.
모든 연령층에게 사랑받고 있지만,	Although it is loved by all ages,
꽤 비싸서	it is quite expensive,
어떤 사람들은 그걸 사는 걸 망설이지.	so some people are hesitant to buy it.
디자인은 평범해서	Its design is ordinary,
그 어떤 것과도 잘 어울려.	so it goes well with anything.
바깥 면 재질은 방수인데,	The outer material is waterproof, but if
난로에 가까이 있으면 금방 녹을 수도 있어.	it is near a heater, it might melt easily.

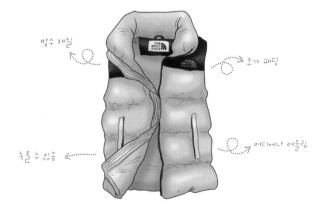

방수 재질

조끼 패딩

녹을 수 있음

어디에나 어울림

✅ **suitable**

[수러블]
적합한, 알맞은

그는 알맞은 지도자가 아니야.
He isn't a suitable leader.

✅ **be loved by**

[비 럽드 바이]
귀여움, 사랑을 받다

그녀는 왜 모두에게 사랑받는 거야?
Why is she so loved by everyone?

✅ **be hesitant**

[비 헤지턴트]
주저하다, 망설이다

그들은 일찍 퇴근하는 걸 망설였어.
They were hesitant to leave work early.

✅ **be waterproof**

[비 워러프루프]
방수가 되다

이 아이라이너 방수돼.
This eyeliner is waterproof.

✅ **melt**

[멜트]
녹다

그거 녹지 않게 해.
Make sure it doesn't melt.

영단어 Check

spring 봄	all ages 모든 연령층	be ordinary 평범하다
anything 아무것	outer 바깥 표면	heater 난로

뷔뷔리 코트

MP3

Today's Story

이 뷔뷔리 코트는 주로 여자들에게 사랑받는데,
요즘에는 남자들도 이걸 많이 입어.

This Vurverry coat is loved mostly by women, but men also wear this a lot these days.

많은 사람들이 가을에 입는 걸 좋아해.
특히, 베이지색이 가장 인기가 있는데
어떤 사람들은 그게 유니폼처럼 보인다고
생각해.

A lot of people like to wear it during fall.
Especially, beige is the most popular and some people think it looks like a uniform.

중간에 끈이 있는데
허리에 맞춰서 조절될 수 있어.

It has a strap in the middle and it can be adjusted to fit the waist.

단추 중에 몇 개는 그저 장식용이야.

Some of the buttons are just for decoration.

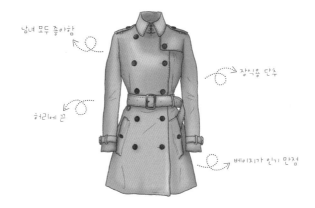

남녀 모두 좋아함

장식용 단추

허리에 끈

베이지가 인기 만점

✓ **mostly**
[모스틀리]
주로

나는 주로 쇼핑을 하면서 시간을 보내.
I spend my time mostly doing shopping.

✓ **some people**
[썸 피플]
일부의 사람들

일부의 사람들은 결과에 만족하지 않았어.
Some people were not happy with the result.

✓ **uniform**
[유니폼]
제복, 유니폼

걔들은 학교에서 유니폼을 입어야 해.
They have to wear uniforms to school.

✓ **adjust to**
[얻저스트 투]
~에 맞추다, 조절하다

벨트를 허리에 맞춰주세요.
Please adjust the belt to your waist.

✓ **just for**
[저스트 폴]
그저, 그냥

우리는 그저 재미를 위해 그랬어요.
We did it just for fun.

영단어 Check

man 남자
middle 중간에

beige 베이지색
waist 허리

strap 끈
decoration 장식품

Chapter 43 사물
가나다 구스

MP3

Today's Story

가나다 구스는 요즘 정말 인기가 많은 패딩이야.

The Ganada Goose is a padded jacket that is very popular these days.

지훈이가 입는 가나다 구스는 정말 밝은색이어서

The Ganada Goose that 지훈 wears is very bright in color,

저 멀리서도 그를 알아볼 수 있어.

so you can recognize him from far away.

모자에는 탈부착 가능한 털 부분이 있어.

On the hood, there is a detachable fur part.

솔직히 한국에서는 그렇게 춥지 않아서 가나다 구스가 필요 없어.

Honestly, you don't need a Ganada Goose jacket in Korea, because it is not that cold,

하지만 사람들은 그래도 그걸 사고 있어.

but people still buy it anyway.

매우 따뜻

털 탈부착 가능

인기 많음

✓ **bright**
[브라잇]
밝은

이 셔츠는 밝은 노란색이야.
This shirt is bright yellow.

✓ **far away**
[파얼 어웨이]
멀리 떨어져

내가 널 부르기에는 네가 너무 멀리 떨어져 있었어.
You were too far away for me to call you.

✓ **detachable**
[디테처블]
떼어서 분리할 수 있는

이 후드 티의 모자는 분리돼.
The hood on this hoodie is detachable.

✓ **honestly**
[어니스틀리]
솔직히

솔직히, 나는 네가 방금 말한 거에 대해 실망했어.
Honestly, I am disappointed with what you have just said.

✓ **still**
[스틸]
그런데도, 여전히

나는 그래도 그를 좋아해.
I still like him.

영단어 Check

be popular 인기가 있다	these days 요즘에는	color 색
recognize 알아보다	hood 모자	anyway 어쨌든

193

티파니앤고

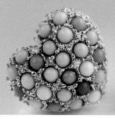

MP3

Today's Story

티파니앤고 귀걸이는

하트 모양으로 만들어져 있어.

하트 모양 때문에

약간 유치해 보일지도 모르지만,

실제로 착용하면

아주 고급스러워 보여.

정품 티파니앤고 귀걸이는

피부 문제를 일으키지 않지만,

쇠 알러지가 있는 예민한 사람들은

귀걸이를 잘 관리해야 해.

The TIPPANY&GO earrings are

in the shape of a heart.

Even though it might look a bit childish

because of its heart shape,

when you actually wear the earrings,

they look very classy.

Although genuine TIPPANY&GO earrings

don't cause skin problems,

sensitive people with metal allergies

should take good care of them.

✓ **in the shape of**

[인 더 셰입 옵]
~의 형태로

네 모자는 삼각형 모양이야.
Your hat is `in the shape of` a triangle.

✓ **childish**

[차일디쉬]
어린애 같은

걔는 어린애 같은 짓 좀 그만 해야 해.
He needs to stop being `childish` .

✓ **genuine**

[제뉴인]
진품의

이거 진짜 가죽인 거 확실해?
Are you sure this is `genuine` leather?

✓ **sensitive**

[센시립]
(사람이) 예민한

그녀는 모든 것에 예민해.
She is `sensitive` about everything.

✓ **allergy**

[엘러지]
알레르기

알레르기 있으신가요?
Do you have any `allergies` ?

영단어 Check

earring 귀걸이   heart 하트   look classy 고급스러워 보이다
skin problem 피부 질환   metal 금속   take good care of ~을 잘 관리하다

Chapter 45 　사물
카르띠애

MP3

Today's Story

이 카르띠애 반지의 디자인은 아주 독특해.

각각 색이 다른 세 개의 반지로

구성되어 있는데,

반지들은 서로 엮어져 있어.

이 반지는 여러 의미를 상징하는데

결혼반지로도 자주 사용돼.

찬미는 이 반지를 어머니로부터 물려 받아서

이건 그녀에게 정말 소중해.

This Kartier ring's design is very unique.

It is comprised of three separate

different-colored rings,

which are intertwined with each other.

This ring symbolizes many different things,

and it is often used as a wedding ring.

찬미 inherited this ring from her mother,

so it is very valuable to her.

결혼반지로 인기 　　색이 다른 반지 세 개

독특함

✓ **be comprised of**

[비 컴프라이즈드 옵]
~으로 구성되다

이 팀은 다섯 구성원들로 구성되어 있어.
This team is comprised of five members.

✓ **be intertwined with**

[비 인터트와인드 윗]
~와 엮이다

이 털실은 서로 엮여져 있어.
This yarn is all intertwined with each other.

✓ **symbolize**

[심벌라이즈]
상징하다

네 반지는 뭘 상징해?
Does your ring symbolize anything?

✓ **inherit from**

[인헤릿 프럼]
~로부터 물려받다

나는 이 빌딩을 아버지로부터 물려 받았어.
I inherited this building from my father.

✓ **be valuable**

[비 밸류벌]
소중하다

나는 그게 너한테 소중한 건지 몰랐어.
I didn't know that it was valuable to you.

영단어 Check

be unique 독특하다	separate 다른	each other 서로
often 자주	wedding ring 결혼반지	

197

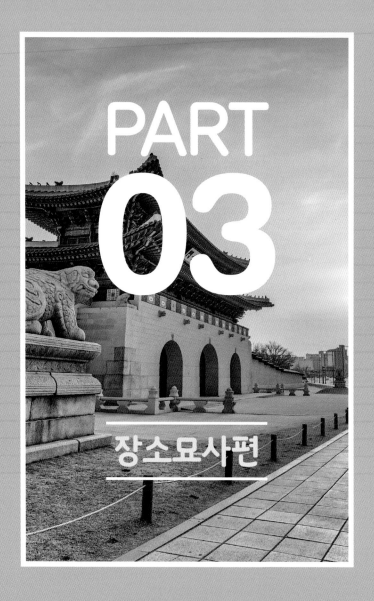

PART

03

장소묘사편

Chapter 01 장소

강남(1)

Today's Story

아마 강남스타일에 대해 들어봤을 거야.	You probably heard about Gangnam Style.
강남은 아주 유명해서 곡이 만들어 졌어.	Gangnam is so famous that a song was made about it.
강남은 서울에서 인기가 많은 장소 중 하나로 알려져 있어.	Gangnam is known as one of the popular places in Seoul.
많은 부유층들이 강남에 살아.	A lot of wealthy families live in Gangnam.
그래서 도로에 값비싼 수입차들이 많은 거야.	That's why there are many expensive imported cars on the road.
내 옆으로 지나가는 걸 종종 보는데	I often see them pass me by
참 부럽더라고.	and I get very envious.
강남에 있는 대부분의 학원들은	Most of the academies in Gangnam
학생들이 자격증을 따도록 도와줘.	help students to get certificates.
그래서 방학 기간에는	So, during the vacation period,
많은 학생들을 길거리에서 볼 수 있어.	you can see many students on the street.

강남스타일

인기 많은 장소 ←········

학원이 많음 ○········>

Today's Idioms & Expressions

✓ **hear about**
[히얼 어바웃]
~에 대해 들어보다

너 아마 걔에 대해서 전에 들어봤을 거야.
You have probably **heard about** him before.

✓ **be famous**
[비 페이머스]
유명하다

내 생각엔 걔 그렇게 유명하지 않아.
I don't think he **is** that **famous**.

✓ **one of the popular**
[원 오브 더 파퓰러]
인기 있는 ~중 하나

이건 이 레스토랑에서 인기 있는 메뉴 중 하나야.
This is **one of the popular** dishes in this restaurant.

✓ **often**
[오픈]
종종

나 출근 길에 걔 종종 봐.
I **often** see her on my way to work.

✓ **get(be) envious**
[겟 엔비어스]
부러워하다

나는 네가 정말 부러워!
I'm so **envious** of you!

영단어 Check

imported car 수입차
certificate 자격증

on the road 도로에
vacation period 방학 기간

pass by ~을 스쳐 지나가다
on the street 거리에서

201

강남(2)

Today's Story

강남에는 많은 학원 말고도

먹고, 마시고, 쇼핑할 곳들도 많아.

저녁에는 학생들뿐만 아니라

직장인들도 강남에 모여서

이 지역은 정말 붐벼.

사람이 너무 많은 곳을 싫어한다면

주말에 강남 가는 건 추천하지 않아.

In Gangnam, besides the many academies, there are also many places to eat, drink and shop.

At night, not only students,

but also workers gather in Gangnam,

so the area is very crowded.

If you don't like places with too many

people, I don't recommend you go to

Gangnam on weekends.

저녁에 붐빔

주말에는 비추천

많은 상점들

많은 사람들

✓ **besides**

[비사이즈]
~외에도, ~말고도

나 이거 외에도 할 거 있어.
I have other things to do besides this.

✓ **not only ~ but also**

[낫 온리 벗 얼소우]
~뿐만 아니라 ~도

이건 비쌀 뿐만 아니라 쓸모 없어!
This is not only expensive but also useless!

✓ **be crowded**

[비 크라우딛]
붐비다, 북적거리다

그 공연장은 너무 많은 사람들로 붐볐어.
The concert hall was crowded with too many people.

✓ **recommend**

[레커멘드]
추천하다

좋은 레스토랑 좀 추천해 줄래?
Can you recommend a good restaurant?

✓ **on weekends**

[언 위켄즈]
주말에

나는 주말에 등산하는 걸 좋아해.
I like to hike on weekends.

영단어 Check

academy 학원   place 장소, 곳   student 학생
worker 직장인   gather (사람들이) 모이다

삼성(1)

MP3

Today's Story

삼성역 근처에는	Near Samseong Station,
많은 비즈니스 빌딩들이 있어.	there are many business buildings.
삼성역은 코엑스로 잘 알려져 있어.	Samseong Station is well known for the COEX.
전에 내가 누구한테서 들었는데	I've heard from someone before that
코엑스 이름이 컨벤션과 전시회의	the name COEX comes from the first two
첫 두 글자에서 따온 거래.	letters of 'convention' and 'exhibition'.
재미있지 않아?	Isn't it interesting?
어쨌든, 코엑스 안에는 큰 전시장들,	Anyway, in the COEX, there are big
컨벤션홀들, 그리고 회의실들이 있어.	exhibition halls, convention halls, and meeting rooms.
이곳들은 모두 다양한 목적으로 사용돼.	These places are all used for various purposes.

많은 비즈니스 빌딩

SIWON 2016
English Education Forum

코엑스가 유명 ◁ ┈┈

다양한 전시장, 회의실 ┈▷

SIWON 2016
English
Education
Forum

이시원

✓ **near**
[니얼]
가까이, 근처

신촌역은 우리 집 근처에 있어.
Sinchon Station is near my house.

✓ **have heard from**
[햅 헐드 프럼]
~에게서 들었다

내가 시원이한테서 들었는데 너 예쁘대.
I 've heard from Siwon that you are pretty.

✓ **be interesting**
[비 인트러스팅]
흥미가 있다, 재미가 있다

그분의 강의는 매우 재미있었어.
His lecture was very interesting.

✓ **anyway**
[애니웨이]
어쨌든, 하여간

하여간, 좋은 소식이 뭐야?
Anyway, what's the good news?

✓ **various**
[베리어스]
다양한, 여러가지의

이거 다양한 색상으로 없어.
They don't have this in various colors.

영단어 Check

building 건물	letter 글자	convention 컨벤션, 회의
exhibition 전시회	hall 홀, 실	purpose 목적

205

Today's Story

코엑스에서는 국제적인 전시회 외에도 다양한 공연 또한 많이 열려.

Besides the international exhibitions, various performances are also held at the COEX.

공연 일정에서 관심 가는 행사를 발견하면 들러 봐.

If you find an event of interest in the performance schedule, you should stop by.

여기는 또 비 오는 날이나 엄청 더운 날 누군가와 실내에서 데이트를 하고 싶을 때 완벽한 곳이야.

This is also a perfect place when you want to go on a date with someone indoors, like on a rainy day, or a day when it is too hot.

실내 데이트

다양한 공연

국제 전시회

✓ **interest**
[인트러스트]
관심, 흥미

이건 내 관심사야.
This is a subject of my interest .

✓ **stop by**
[스탑 바이]
~에 들르다

집에 가는 길에 들르는 건 어때?
Why don't you stop by on your way home?

✓ **go on a date with**
[고우 언어 데잇 윗]
~와 데이트하다

나 이번 주말에 그녀랑 데이트하러 갈 계획이야.
I'm planning to go on a date with her this weekend.

✓ **indoors**
[인도어스]
실내에서

우리 실내에서 있어야겠다.
We should stay indoors .

✓ **a rainy day**
[어 레이니 데이]
비 오는 날

비 오늘 날에는 밖에서 걷는 거 싫어해.
On rainy days , I don't like to walk outside.

영단어 Check

international 국제적인
event 행사

various 다양한
schedule 일정

performance 공연
day 하루, 날

MP3

Today's Story

코엑스는 모든 연령대의 사람들을

만족시키는 곳 같아.

왜냐하면, 이곳은

아이들이 가기 좋아하는 아쿠아리움이 있고,

옷 가게들, 영화관

그리고 심지어 많은 레스토랑들도 있거든.

I think the COEX mall is a place

that satisfies people of all ages,

because this place has

an aquarium that kids like to visit,

clothing stores, a movie theater,

and even many restaurants.

✓ **place**
[플레이스]
장소

나 이곳 와본 적 있어.
I have visited this place before.

✓ **satisfy**
[세리스파이]
만족시키다

아무것도 나를 만족시킬 수 없어.
Nothing can satisfy me.

✓ **people of all ages**
[피플 옵 올 에이지스]
남녀노소

한강공원은 남녀노소가 좋아하는 곳이야.
Han River Park is the place that people of all ages like.

✓ **aquarium**
[아쿠아리움]
수족관

이곳은 아쿠아리움이 있어.
This place has an aquarium.

✓ **visit**
[비짓]
방문하다, 가다

너 가서 부모님 봬.
You should go and visit your parents.

영단어 Check

kid 아이
movie theater 영화관

clothing 옷
even ~도

store 가게
restaurant 식당

잠실(1)

MP3

Today's Story

잠실은 이전에 말해줬던
코엑스랑 굉장히 가까워.
한국의 대표 놀이동산 중 하나인
롯데월드가 잠실에 위치해 있어.
이 놀이동산은
잠실의 랜드마크로 볼 수 있지.
한국에서 놀이동산에 가면
꼭 해야 하는 것이 하나 있어.
귀여운 머리띠를 해야 해!
조금 유치해 보이고 이상해 보일 수도 있는데
대부분의 한국 사람들은 좋은 추억을
만들려고 이 우스꽝스러운 머리띠를 사서 써.
롯데월드에는 재미있는 롤러코스터들이 있고
아이스링크도 있으니까 시간 있으면 꼭 가봐!

Jamsil is very close to the COEX,
which I have mentioned before.
One of the main amusement parks in
Korea, Lotte World, is located in Jamsil.
This amusement park
can be seen as the landmark of Jamsil.
When you go to an amusement park in
Korea, there is one thing that you must do.
You have to wear a cute headband!
It might seem a bit childish and weird,
but most Koreans buy and wear these
silly headbands to make a good memory.
At Lotte World, there are fun rollercoasters
and also an ice rink, so if you have time,
you definitely should go!

귀여운 머리띠

추억 쌓기에 좋음

놀이동산 필수품

✓ **mention**
[멘션]
언급하다, 말하다

내가 전에 말해주지 않았어?
Didn't I mention it before?

✓ **be located in**
[비 로케이티드 인]
~에 위치해 있다

우리 회사는 여의도에 위치해 있어.
Our company is located in Yeouido.

✓ **must do**
[머스트 두]
반드시 하다

네가 오기 전에 꼭 해야 할 일들 몇 가지 알려줄게.
I'll tell you some things that you
must do before you come.

✓ **weird**
[위얼드]
기이한, 이상한

와, 이상한 꿈이었어.
Wow, that was a weird dream.

✓ **definitely**
[데피닛리]
반드시, 꼭

너 이거 꼭 해봐야 해.
You definitely have to try this.

영단어 Check

amusement park 놀이동산　　landmark 랜드마크　　silly 우스꽝스러운
headband 머리띠　　rollercoaster 롤러코스터　　ice rink 아이스링크

211

잠실(2)

MP3

Today's Story

잠실에는 야구장이 있는데
LG 트윈스와 두산 베어스의
홈 구장으로 쓰여지고 있어.

In Jamsil, there is a baseball stadium and it is being used as the home for LG Twins and Doosan Bears.

내가 이 팀들 중 한 팀을 응원해서 잘 알아.

I know well, because I root for one of these teams.

두 팀 간의 경쟁은 어마어마해.

The rivalry between these two teams is enormous.

이 야구장에 가고 싶으면
2호선이나 9호선 종합운동장역에서
내려야 해.

If you want to go to this baseball stadium you have to get off at Sports Complex Station on line 2 or 9.

잠실역에서 내리면 많이 걸어야 하니까
꼭 기억해둬!

If you get off at Jamsil Station, you have to walk a lot, so do remember this!

잠실 홈 구장 라이벌

LG 트윈스

두산 베어스

✓ # home (ground)
[홈 그라운드]
(야구의) 홈 구장

두산 베어스의 게임은 홈 구장에서 열릴 거야.
The Doosan Bears' game is going to be a home game.

✓ # root for
[룻 폴]
응원하다

나는 한동안 이 팀을 응원해 왔어.
I have been rooting for this team for a while.

✓ # be enormous
[비 이놀머스]
어마어마하다, 막대하다

이 케이크 사이즈 어마어마하네.
The size of this cake is enormous.

✓ # get off at
[겟 어프 앳]
~에서 내리다

나 다음 역에서 내려야 해.
I have to get off at the next station.

✓ # remember
[리멤버]
기억하다

네 티켓 가져오는 기억했어?
Did you remember to bring your ticket?

영단어 Check

baseball stadium 야구장
rivalry 경쟁

know 알다
station 역

team 팀
walk 걷다

DDP는 동대문 디자인 플라자의 약자야.

DDP is an abbreviation for Dongdaemun Design Plaza.

DDP에서는 다양한 행사랑 전시회가 진행돼.

At the DDP, different events and exhibitions are held.

최근에 나도 하나 가 봤는데 가 볼 만하더라고.

I went to one recently and it was worth going to.

그곳에는 볼 게 하도 많아서, 하루 종일 있어도 모든 걸 보지는 못할 거야.

There are too many things to see there, so even if you are there for the whole day, you won't be able to see everything.

그곳에서는 신기한 것들도 판매되던데 나도 모르게 내 지갑을 열고 있더라.

Interesting stuff was also sold there, and before I knew it, I was opening my wallet.

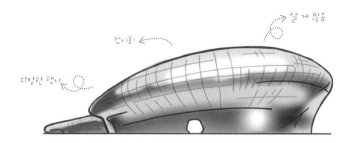

✓ **abbreviation**

[어브리비에이션]
축약형, 약자

LA는 로스엔젤레스의 약자야.
L.A. is the abbreviation for Los Angeles.

✓ **be held**

[비 헬드]
열리다, 진행되다

그 파티는 앨리슨네 집에서 열릴 거야.
The party will be held at Allison's house.

✓ **recently**

[리센리]
최근에

너 걔 최근에 봤어?
Have you seen him recently ?

✓ **be worth**

[비 월스]
~의 가치가 있다

스페인은 가 볼 만한 가치가 있었어.
Spain was worth visiting.

✓ **before I know it**

[비폴 아이 노 잇]
나도 모르게

나도 모르게, 내가 저녁을 내고 있더라.
Before I knew it , I was paying for dinner.

영단어 Check

whole day 온종일
stuff 물건

everything 모든 것
open 열다

interesting 흥미로운
wallet 지갑

Chapter 09 장소
동대문(2)

MP3

Today's Story

저녁에는 LED 장미들이	At night, you can go to the place
켜지는 곳에 갈 수 있는데,	where the LED roses are turned on
그 장미들은 아주 아름다워.	and they are very beautiful.
누구 아이디어였는지 참 훌륭해!	Whoever's idea it was, it is brilliant!
여기는 많은 사진들을 찍기에 좋은 곳이니까	This is a great spot to take many pictures,
꼭 한 번 가 봐야 해.	so you definitely have to check this place
여기 찾아가는 거 후회하지 않을 거야.	out. You won't regret visiting here.

LED 장미

아름다움

사진 핫 스팟

Today's Idioms & Expressions

✓ **at night**
[앳 나잇]
저녁에, 밤에

저녁에는 너무 많이 먹으면 안돼.
You shouldn't eat too much at night .

✓ **be brilliant**
[비 브릴리언트]
기발하다, 대단하다, 훌륭하다

너 내 아이디어 기발했다는 거 인정해야 해!
You have to admit that my idea was brilliant !

✓ **great spot**
[그뤠잇 스팟]
좋은 장소

우리가 소풍 하기에 여기가 좋은 곳이네.
This is a great spot to have our picnic.

✓ **check out**
[첵 아웃]
살펴보다, 확인하다, 한 번 가 보다

우리 새 집 한 번 가 보는 게 어때?
Why don't we check out my new house?

✓ **regret**
[뤼그렛]
후회하다

나 어제 그녀한테 전화 안 한 게 후회돼.
I regret not calling her yesterday.

영단어 Check

rose 장미	turn on 켜다	whoever 도대체 누가
idea 발상	definitely 확실히, 꼭	visit 방문하다

동대문(3)

MP3

Today's Story

DDP 건너편에는 옷 가게들로 가득 찬
쇼핑 빌딩들이 있어.

그 빌딩들은 트렌디한 옷들을 팔기 때문에
잘 알려져 있어.

빌딩들은 24시간 동안 열어서 언제든지 네가
원할 때 그곳에 가서 쇼핑할 수 있어.

모든 게 가격 정찰제로 판매되지만
가끔은 흥정이 가능해.

까다롭고 비싸게 굴면
물건을 더 싼 가격에 구매할 수 있으니까
모든 걸 바로 사는 것보다
흥정해보는 걸 추천해!

Across from the DDP, there are shopping
buildings that are full of clothing shops.
Those buildings are well known because
they sell a lot of trendy clothing.
They are open for 24 hours, so you can
go shopping there whenever you want.
Everything is sold in a fixed price
system, but sometimes you can bargain.
If you are picky and play hard to get,
you can get the stuff for cheaper prices,
so I recommend trying to bargain rather
than buying everything right away!

쇼핑몰

트렌디함

흥정 가능

Today's Idioms & Expressions

across from
[어크로스 프럼]
~의 맞은 편에

건물 건너편에 일식 레스토랑이 보일 거야.
Across from the building, you'll see a Japanese restaurant.

trendy
[트렌디]
최신 유행의

그녀는 최신 유행하는 옷들을 많이 입어.
She wears a lot of trendy clothing.

whenever
[웬에버]
~할 때 언제든지

네가 원하면 언제든지 우리 집에 와도 돼.
You can come to my house whenever you want.

play hard to get
[플레이 헐 투 겟]
비싸게 굴다

그녀는 왜 비싸게 구는 거야?
Why is she playing hard to get?

bargain
[발겐]
흥정하다

그는 가게 주인과 흥정하려고 했어.
He tried to bargain with the store owner.

영단어 Check

sell 팔다
be picky 까다롭다
open 열다
right away 즉시
fixed price system 가격 정찰제

신촌

MP3

Today's Story

신촌은 강남이랑 비슷한데
더 저렴한 편이야.
신촌 주변에 대학들이 많아서
그런가 봐.
신촌에는 또 학원들이 많아.

학생들은 이른 아침부터 취업하려고
열심히 공부해.
주말에는 사람들이 거리에서 공연할 수
있도록 차가 다니는 도로가 막혀 있어.

이 거리에서는 수많은 학생들이
노래도 부르고, 춤도 추고,
마술 공연들도 하고 그래.

Sinchon is similar to Gangnam,
but the prices tend to be cheaper.
I guess it's because there are lots of
universities around Sinchon.
In Sinchon, there are also many
academies.
Students study very hard from early
morning to get a job.
On weekends, the road that the cars
go along is blocked so that people can
perform on the street.
On this street, a great number of
students sing, dance, and even put on
magic shows.

대학 주변 ←········
········→ 학원이 많음
········→ 버스킹 많음
주말 차량 통제 ←········

Today's Idioms & Expressions

✓ **be similar**
[비 시밀러]
비슷하다, 다름없다

그의 디자인은 내 것과 비슷해.
His design is similar to mine.

✓ **I guess it's because**
[아이 게스 잇츠 비커어스]
~서 그런가 보다

가격이 너무 비싸서 그런가 봐.
I guess it's because it's too expensive.

✓ **around**
[어라운드]
주변에, 둘레에

우리 집 주변에는 먹을 곳들이 없어.
There are no places to eat around my house.

✓ **get a job**
[게러 잡]
직장을 얻다

나 최대한 빨리 직장 얻어야해.
I need to get a job as soon as possible.

✓ **a great number of**
[어 그레잇 넘벌 옵]
다수의, 많은

많은 사람들이 자선 단체에 나타났어.
A great number of people showed up to the charity.

영단어 Check

university 대학교	academy 학원	early morning 이른 아침
road 도로	be blocked 막히다	magic show 마술 쇼

홍대

Today's Story

길거리 연주를 하기에 인기 있는 장소 중 한 곳이 홍대야.

One of the popular spots for busking is Hongdae.

그래서인지 홍대 길거리에도 거리 공연을 하는 사람들을 많이 볼 수 있어.

So, on the streets of Hongdae, you can also see many people who give street performances.

끼가 많은 사람들이어서 그런지 공연을 다 잘하더라고.

Since they are talented people, they all give great performances.

사람들이 공연하는 모습을 보고 놀랐어. 왜냐하면 나는 음악에 재능이 없거든.

I was surprised to see these people perform, because I have no talent for music.

홍대에는 또 바와 클럽이 많기 때문에 홍대의 살아있는 분위기를 정말로 느껴보고 싶다면 저녁에 가야 해!

There are also lots of bars and clubs in Hongdae, so if you really want to experience Hongdae's lively atmosphere, you should go there at night!

길거리 공연이 많음

바와 클럽이 많음

저녁에 최고

✓ **popular**
[팝율러]
인기 있는

이건 인기 있는 영화들 중 한 편이야.
This is one of the popular movies.

✓ **busking**
[버스킹]
길거리 공연

홍대는 길거리 공연을 하기 좋은 곳이야.
Hongdae is a great spot for busking.

✓ **on the street**
[온더 스트리트]
길거리에서

길거리에는 볼 게 많았어.
There were a lot of things to see on the streets.

✓ **be surprised**
[비 서프라이즈드]
놀라다

나는 걔를 여기에서 보고 매우 놀랐어.
I was very surprised to see him here.

✓ **experience**
[익스피리언스]
느끼다, 경험하다

걔 지금 슬럼프 겪고 있어.
He is experiencing a slump right now.

영단어 Check

give (공연을) 하다   street performance 거리 공연   be talented 재능이 있다
perform 공연하다   atmosphere 분위기

223

Today's Story

이태원에 가면 전 세계에서 온
많은 사람들을 볼 수 있어.

이태원에서는 다양한 나라의 문화와 음식을
체험해 볼 수 있어.

이태원 주변에는 트렌디한 바와
유명한 레스토랑들이 많아.

요즘에는 많은 곳들이 TV 쇼에 소개되니까
젊은 층이 이태원에 가는 걸 좋아하더라고.

다양한 문화가 공존할 수 있는 곳이다보니,
할로윈 같은 날에는
가지각색의 사람들이 모여.

그런 날에는 거기에 갈 엄두도 못 내겠더라.

If you go to Itaewon, you can see many
people from all over the world.

In Itaewon, you can experience
different countries' cultures and food.

The area around Itaewon has many
trendy bars and famous restaurants.

These days, many places are introduced
in TV shows, so the younger generation
likes to go to Itaewon.

Since it is a multicultural place,
on days like Halloween,
all sorts of people gather.

I dare not go there on days like that.

다양한 나라 사람들

다양한 바와 레스토랑

다양한 문화

젊은 층에 인기

Today's Idioms & Expressions

✓ **all over the world**

[얼 오버 더 월드]
전 세계에

걔는 언젠가 전 세계를 여행하고 싶어해.
He wants to travel all over the world someday.

✓ **these days**

[디즈 데이스]
요즘에는

나 요즘 적게 먹는 편이야.
I tend to eat less these days .

✓ **be introduced**

[비 인트로듀스드]
소개되다

나는 대중에게 소개되었어.
I was introduced to the public.

✓ **dare not**

[데얼 낫]
엄두를 못 내다, 용기가 없다

이렇게 더운 날에는 밖에 나갈 엄두를 못 내겠어.
I dare not go outside on a hot day like this.

✓ **on days like that**

[언 데이즈 라잌 댓]
그런 날에

그런 날에 나는 집에 머무르면서 책을 읽어.
On days like that , I stay home and read books.

영단어 Check

experience 경험하다   culture 문화   generation 세대
multicultural 다문화의   Halloween 할로윈   all sorts of people 가지각색의 사람들

이태원(2)

MP3

Today's Story

경리단길도 이태원처럼 인기가 많은데
경리단길이 더 조용한 것 같아.

Gyeongridan Street is just as popular as Itaewon, but I think Gyeonridan Street is more quiet.

로맨틱한 레스토랑들이 많다 보니까
가끔 소개팅하는 사람들을 볼 수 있어.

Since there are many romantic restaurants, you can sometimes see people on blind dates.

네가 갔을 때
어색하게 행동하는 사람들을 본다면
그냥 못 본 척해 줘.

If you see people behaving awkwardly when you are there, you should just pretend that you didn't see them.

하루 종일 걷느라 지쳤을 때
이태원이나 경리단길에서 칵테일 한 잔 어때?

When you are tired from walking all day, how about a cocktail in Itaewon or on Gyeongridan Street?

로맨틱함

소개팅 명소

칵테일 한 잔

✓ **a blind date**
[어 블라인드 데잇]
소개팅

봐! 쟤들 지금 소개팅하나 봐.
Look! I think they are a blind date right now.

✓ **behave**
[비헤이브]
행동하다

그녀는 그들 앞에서 어떻게 행동해야 하는지 몰랐어.
She didn't know how to behave in front of them.

✓ **awkwardly**
[어크월드리]
어색하게

걔 나한테 어색하게 웃었어.
He smiled awkwardly at me.

✓ **pretend**
[프리텐드]
~인 척을 하다

나는 숙제한 척했어.
I pretended that I did my homework.

✓ **be tired**
[비 타이얼드]
지치다

나는 이 모든 회의들 때문에 지쳤어.
I'm too tired from all these meetings.

영단어 Check

be quiet 조용하다   romantic 로맨틱   sometimes 가끔
just 그냥   all day 온종일   cocktail 칵테일

여의도(1)

MP3

Today's Story

오늘은 여의도 한강공원에 대해 말해 줄게.	Today, I'll tell you about Yeouido Hangang Park.
여의나루역에서 내려서	When you get off at Yeouinaru Station
2번이나 3번 출구로 나오면	and come out of either exit 2 or 3,
바로 앞에 넓은 한강이 있어.	the big Han River is right in front of you.
사람들은 여기에서 운동도 하고	People here exercise,
맛있는 음식도 먹고 즐거운 시간을 보내.	eat tasty food and have a good time.
날씨가 완전 좋을 때	This is the perfect place to go on a
소풍을 가기에 이곳은 딱이야.	picnic when the weather is super nice.
여기에선 음식을 배달시킬 수 있어.	At this place, you can order food for delivery.
지하철역 앞 아주머니들한테서	If you call the number on the flyer that
받은 전단지에 적힌 번호로 전화하면	you got from the ladies in front of the
신기하게도 네가 있는 곳까지	subway station, surprisingly, they will
음식을 배달해 줄 거야.	deliver food to the place where you are.

소풍에 완벽한 장소

배달 가능

여의나루역

✓ **tell about**
[텔 어바웃]
~에 대해 이야기하다

내 유년 시절에 대해 말해줄게.
I'll tell you about my childhood.

✓ **have a good time**
[햅 어 굿 타임]
즐거운 시간을 보내다

우리는 즐거운 시간을 어떻게 보내야 하는지 알아.
We know how to have a good time.

✓ **go on a picnic**
[고우 언 어 피크닉]
소풍을 가다

다음 주 주말에 소풍 가는 거 어때?
How about we go on a picnic next weekend?

✓ **be super nice**
[비 수퍼 나이스]
굉장히 좋다, 매우 멋지다

네 할로윈 복장 완전 멋있어.
Your Halloween costume is super nice.

✓ **order food for delivery**
[오덜 푸드 폴 딜리버리]
배달 음식을 주문하다

음식 배달시키자.
Let's order food for delivery.

영단어 Check

exit 출구   exercise 운동하다   flyer 전단지
surprisingly 신기하게도   deliver 배달하다

여의도 (2)

MP3

Today's Story

저녁에 물에 비친

건물들의 조명들은 매우 아름다워.

멋진 경치 덕분에

여기에서 즐기는 치맥은 더욱 맛있더라!

봄이 되면

한강 옆 여의도 도로의 벚꽃은

정말 아름다워.

4월에는 벚꽃 축제를 하는데

많은 사람들이 가서

아름다운 풍경을 감상하곤 해.

올 봄에

벚꽃 축제에 가 보는 건 어때?

At night, the building's lights that are

reflected on the water are very beautiful.

Thanks to the great view, Chimac that

I enjoy here tastes extra good!

When it becomes spring,

the cherry blossoms on Yeouido Street

by the Han River are really magnificent.

In April, there is a cherry blossom

festival, and many people go there

to admire the marvelous scenery.

Why don't you go to the cherry blossom

festival this upcoming spring?

멋진 밤 풍경

4월 벚꽃 축제

도로변 벚꽃

✓ **cherry blossom**
[체뤼 블라썸]
벚꽃

나랑 벚꽃 축제 갈래?
Will you go to the cherry blossom festival with me?

✓ **be magnificent**
[비 매그니피센트]
매우 아름답다

산 꼭대기에서 본 경치는 아름다웠어.
The view from the top of the mountain was magnificent .

✓ **admire the scenery**
[어드마이어 더 씨너리]
풍경을 감상하다

그는 풍경을 감상하려고 한동안 그곳에 서 있었어.
He stood there for a while to admire the scenery .

✓ **why don't you**
[와이 돈 츄]
~하는 게 어때?

걔랑 오는 게 어때?
Why don't you come with her?

✓ **upcoming**
[업커밍]
다가오는, 이번

이번 겨울에 스노보드 타러 가자.
Let's go snowboarding this upcoming winter.

영단어 Check

light 조명
view 경치

be reflected 반사되다
festival 축제

water 물
marvelous 아름다운

231

경복궁(1)

MP3

Today's Story

서울에는 높고	In Seoul, there are many buildings that are
멋진 빌딩들이 많지만	tall and magnificent, but here and there
여기저기에서 오래 전에 지어진	you can also see culturally important
문화적으로 중요한 건물들도 볼 수 있어.	buildings that were built many years ago.
그 중 하나는	One of them is Gyeongbokgung Palace,
큰 궁인 경복궁이야.	which is a large palace.
경복궁에 대해서 아주 짧게 말해줄게.	I'll tell you about Gyeongbokgung Palace just briefly.
경복궁은 조선시대 때 지어졌는데	Gyeongbokgung Palace was built in the
일제 강점기에	Chosun Dynasty, but during the Japanese
거의 대부분이 철거되었어.	occupation, most of Gyeongbokgung Palace was torn down.
그래서 정부는 궁을 원래의 모습으로	So, the government is making an effort
복원하려는 노력을 계속하고 있어.	to restore the palace to its original form.

철거된 후 복원

조선시대 궁

✓ **briefly**
[브리플리]
간단히, 짧게

짧게 소개해 주시겠어요?
Can you introduce yourself briefly ?

✓ **during**
[듀어링]
(시대 또는 시간)에, 동안

너 그 시간 동안 뭐하고 있었어?
What were you doing during that time?

✓ **tear down**
[테얼 다운]
철거하다

그 오래된 건물은 철거되었어.
The old building was torn down .

✓ **make an effort**
[메잌 언 에폴트]
노력하다, 애쓰다

우리는 그가 노력하고 있다는 것을 분명하게 알 수 있어.
We can clearly see that he is making an effort .

✓ **restore**
[리스토얼]
회복시키다, 복원하다

그녀는 오래된 작품을 복원하려고 했어.
She tried to restore the old artwork.

영단어 Check

magnificent 멋진
Japanese occupation 일제 강점
culturally 문화적으로
government 정부
palace 궁
form 형태

Today's Story

경복궁을 보려면 앞에 광화문이라고 불리는 큰 정문을 지나야 해.	If you want to see Gyeongbokgung Palace, you have to pass through a large gate called Gwanghwamun Gate.
광화문 앞에는 영국처럼 수문장들이 있어.	In front of Gwanghwamun Gate, there are royal guards like in England.
관광객들한테는 수문장들을 보는 게 매우 신기한가 봐.	I guess for tourists, it is cool to see the guards.
하긴, 내가 봐도 좀 신기하더라.	Well, it was cool for me to see them too.
이 경복궁으로 들어가려면	To enter Gyeongbokgung Palace,
입장료를 내야 하는데	you have to pay an entrance fee,
한복이라고 불리는 한국 전통의상을 입으면	but if you wear traditional Korean clothes
무료로 들어갈 수 있어.	called Hanbok, you can get in for free.
경복궁 근처에	There are many places that rent out
한복을 대여해 주는 곳들이 많으니까	Hanbok near Gyeongbokgung Palace,
한복을 빌리는 건 어렵지 않아.	so it is not hard to hire Hanbok.
너도 꼭 하나 빌려서	You definitely should hire one and make
잊지 못할 추억 하나 만들어봐!	a memory that you won't ever forget!

수문장

잊지 못할 추억

한복 입으면 입장이 무료

✓ **pass through**

[패스 뜨루]
지나가다

들어가려면, 이 문을 지나야 해.
In order to enter, you have to
pass through this gate.

✓ **like**

[라잌]
~처럼

날씨는 발리처럼 더웠어.
The weather was just as hot like in
Bali.

✓ **get in**

[겟인]
들어가다

들어가기 전에 서류에 서명해야 되나요?
Do we need to sign any papers
before we get in?

✓ **rent out**

[렌트 아웃]
~을 임대하다

이 근처에는 자전거를 빌려주는 곳이 많아.
There are many places that rent out
bicycles around here.

✓ **make a memory**

[메이커 메모뤼]
추억을 만들다

아버지와 멋진 추억을 만들었어.
I made a great memory with my
father.

영단어 Check

England 영국   tourist 관광객   entrance fee 입장료
traditional 전통의   hire 빌리다

Today's Story

광화문에는 경복궁 말고도
볼 게 정말 많아.
경복궁을 다 둘러보고 나서
광화문 광장 쪽으로 걸어오면,
이순신 장군 동상이랑
세종대왕 동상을 볼 수 있어.

이순신 장군과 세종대왕은
한국 역사에 큰 영향을 미친 분들이셔.

시청역 쪽으로 걸어가다 보면
오른쪽에 덕수궁이 보여.
그리고 덕수궁을 둘러싼
아름다운 돌담도 보일 거야.
돌담길을
연인이 아닌 사람과 걷게 되면
연인이 되고,
연인과 함께 걸으면
헤어진다는 속설이 있어.

In Gwanghwamun, there are many things
to see other than Gyeongbokgung Palace.
After you finish looking around
Gyeongbokgung Palace and walk toward
Gwanghwamun Square, you can see
the Statue of Admiral Yi Sun-Shin and
the Statue of King Sejong the Great.
Admiral Yi Sun-Shin and King Sejong
the Great are the people who influenced
Korean History greatly.
If you walk toward City Hall station,
you'll see Deoksugung on your right.
And, you'll also see a beautiful stone wall
that surrounds Deoksugung.
There is a myth that if you walk by the
stone wall with someone who is not your
lover, the two of you will become lovers,
and if you walk by with your lover,
the two of you will break up.

연인과 걸으면 헤어짐

남과 걸으면 연인이 됨

✓ **other than**
[어덜 댄]
~외에, ~말고도

이거 말고 다른 건 다 좋아.
Other than this, I like everything else.

✓ **look around**
[룩 어라운드]
둘러보다

나 여기 둘러볼 충분한 시간 있어?
Do I have enough time to look around this place?

✓ **walk toward**
[웍 트월드]
~를 향해 걷다

저를 향해 걸어오세요.
Please walk toward me.

✓ **influence greatly**
[인플루언쓰 그레잇리]
~에 큰 영향을 미치다

초등학교 선생님은 나에게 큰 영향을 끼쳤어.
My elementary teacher influenced me greatly.

✓ **myth**
[미쓰]
신화, 속설

그건 그냥 미신이야!
That is just a myth !

영단어 Check

finish 끝내다
stone wall 돌담

statue 동상
surround 둘러싸다

admiral 장군
break up 헤어지다

대학로

MP3

Today's Story

대학로는 혜화역 근처에 있어.

Daehak-ro **is near** Hyehwa station.

많은 젊은 사람들이 즐겨 찾는 장소야.

Many youngsters enjoy visiting this area.

활기찬 분위기를 갖고 있어.

It has a **vibrant atmosphere**.

스트레스를 풀기 좋은 장소야.

It's a great place to **get rid of** stress.

연극을 보고 싶다면

If you want to see a play,

여기로 오면 돼.

you should come here.

소극장이 정말 많고

There are a lot of small theaters,

항상 새로운 연극을 볼 수 있어.

and you can always see a new play here.

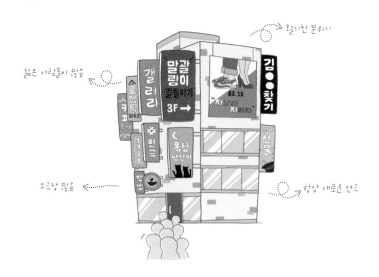

✓ **be near**
[비 니얼]
~ 근처에 있다

우리 사무실은 버스 정류장 근처에 있어.
My office is near the bus stop.

✓ **enjoy visiting**
[인조이 비지팅]
즐겨 찾는다

우리는 그 가게를 즐겨 찾아요.
We enjoy visiting the shop.

✓ **vibrant atmosphere**
[바이브런트 앳모스피어]
활기찬 분위기

이 거리는 활기찬 분위기가 있어.
This street has a vibrant atmosphere.

✓ **get rid of stress**
[겟 뤼드 옵 스트레스]
스트레스를 풀다, 해소하다

너 스트레스 풀기 위해서 뭐해?
What do you do to get rid of stress?

✓ **see a play**
[씨 어 플레이]
연극을 보다

난 한 달에 한 번 연극을 봐.
I see a play once a month.

영단어 Check

station 역
play 연극

youngster 젊은이
small theater 소극장

area 지역

Chapter 21 장소
신사

Today's Story

신사역 쪽으로 조금 걷다 보면

가로수길이라는 곳이 나와.

가로수길에는 디자이너 가게들이 많은데

동네가 비싸서 그런지

물건들의 가격이 그렇게 싸진 않아.

그래도 쇼핑하러 나왔으면

가격이 비싸도 적어도 하나쯤은

사야 하지 않겠어?

가로수길에서는 연예인들도 많이 나타나.

가로수길을 걷다 보면

좋아하는 연예인을 마주칠지도 몰라!

If you walk a bit toward Sinsa Station, you

will come across a street called Garosu-gil.

There are many designer's shops on

Garosu-gil, and since the neighborhood is

very luxurious, the prices are not so cheap.

However, if you are out to shop,

shouldn't you buy at least one thing

despite the expensive prices?

Many celebrities also show up at Garosu-gil.

If you are walking down Garosu-gil, you

might encounter a celebrity that you like!

물가가 비쌈 · 신사역 근처 · 연예인 출몰

✓ **come across**
[컴 어크로스]
(길을) 만나다

5번가를 만나게 될 거야.
You will come across 5th street.

✓ **be luxurious**
[비 럭셔리어스]
호화스럽다, 사치스럽다

이 레스토랑 나한테 너무 사치스러워.
This restaurant is too luxurious for me.

✓ **be cheap**
[비 칩]
싸다

우와, 여기 가격 엄청 싸다.
Wow, the prices are very cheap here.

✓ **show up**
[쇼업]
나타나다

걔는 수업에 안 나타났어.
He didn't show up to class.

✓ **encounter**
[인카운터]
마주치다, 부딪히다

가끔은 네가 싫어하는 사람과 마주쳐야 해.
Sometimes you have to encounter people you hate.

영단어 Check

toward ~쪽으로
at least 적어도

shop 가게, 상점
despite ~에도 불구하고

neighborhood 동네
celebrity 연예인

241

인사동(1)

MP3

Today's Story

인사동에 대해서 들어봤어?

인사동은 한국 문화와 전통을

체험할 수 있는 곳이야.

인사동이 특별한 이유 중 하나는

간판이 모두 한글로 적혀 있다는 거야.

외국 브랜드 간판들까지도

한글로 적혀있거든!

인사동에 가면

해봐야 하는 것 중의 하나가

전통 찻집에 가는 거야.

요즘에는 차보다 커피를 많이 마시잖아.

그래도 인사동에 있을 때만큼은

전통차를 즐겨 보는 게 좋을 것 같아.

인사동에서는 한국 전통의 물건들이

판매되는데, 관광객들이 기념품을

구매하기에 아주 좋은 곳이야.

Have you heard about Insadong?

Insadong is a place where you can experience the culture and tradition of Korea.

One of the reasons why Insadong is special is that all the signs are written in Hangeul. Even foreign brand's signs are written in Hangeul!

One thing you should try doing when visiting Insadong is to go to a traditional tea café.

These days, people drink coffee more than tea.

However, at least when you are in Insadong, you should enjoy traditional tea.

At Insadong, traditional Korean goods are sold, and it is a good place for tourists to buy souvenirs.

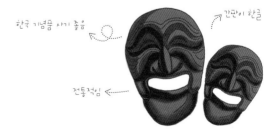

한국 기념품 사기 좋음

간판이 한글

전통적임

✓ **the reason why**

[더 리즌 와이]
~의 이유

내가 화난 이유 중 하나는, 네가 거짓말을 하고 있다는 거야.
One of the reasons why I'm mad is that you are lying.

✓ **be special**

[비 스페셜]
특별하다

이건 나한테 매우 특별하고 소중해.
This is very special and precious to me.

✓ **should try doing**

[슏 트라이 두잉]
해봐야 한다

수상스포츠 해봐.
You should try doing water sports.

✓ **more than**

[몰 덴]
~보다 많이

이건 우리가 예상했던 것보다 더 많은 사람이야.
This is more people than we expected.

✓ **at least**

[앳 리스트]
적어도

우린 그걸 적어도 한 번은 해봐야 해.
We should do it at least once.

영단어 Check

tradition 전통
enjoy 즐기다

foreign 외국의
goods 제품

visit 방문하다
souvenir 기념품

인사동(2)

MP3

Today's Story

인사동에 가면	When you go to Insadong,
쌈지길을 빼먹을 수 없지!	you can't miss out on Ssamjigil!
쌈지길은 '인사동 속의 새로운 인사동'	Ssamjigil is also called
이라고도 불리는데,	'A new Insadong in Insadong' and
관광객들 사이에서 굉장히 유명한	it is a very famous tourist attraction
관광 명소야.	among the tourists.
쌈지길 안에는 작은 가게들이 있는데	Inside of Ssamjigil, there are small shops,
거기서 파는 물건들은 정말 다양해.	and the items they sell are very diverse.
아기자기한 것들이 많이 팔리는데	Many small and cute things are sold,
거의 다 수제야.	and most of them are hand-made.

새로운 인사동

쌈지길

수제 기념품

✓ **miss out on**

[미스 아웃 언]
~을 빼먹다, 놓치다

내가 뭐 놓쳤어?
Did I miss out on anything?

✓ **tourist attraction**

[투어리스트 어트렉션]
관광 명소

서울은 외국인들에게 인기 있는 관광 명소로 여겨져.
Seoul is considered a popular tourist attraction for foreigners.

✓ **be diverse**

[비 다이벌스]
다양하다

선택권이 너무 다양해서 선택할 수가 없어.
The options are too diverse that I can't choose.

✓ **small and cute**

[스몰 앤 큿]
아기자기한

그녀 책상 위에 아기자기한 것들이 많아.
She has many small and cute things on her desk.

✓ **most of**

[모스트 옵]
거의, ~의 대부분

대부분의 사람들이 점심을 가져왔어.
Most of the people brought their own lunches.

영단어 Check

be famous 유명하다 　　 tourist 관광객 　　 among ~들 가운데서
item 물건 　　 sell 판매하다 　　 hand-made 수제

Chapter 24 장소
북촌 한옥마을

MP3

Today's Story

인사동에서 가까운
북촌 한옥마을에 대해 얘기해 줄게.

서울에 있는 많은 아파트들과는 달리
북촌 한옥마을에 있는 집들은
모두 한옥 스타일로 지어졌어.

한옥은 여름에도 시원하다고 들었어.

천장이 높아서인가?

나도 잘 모르겠어.

아름답고 전통적인 한국의 건축을
보는 것에 관심 있다면
북촌 한옥마을을 가 봐.

I'll tell you about Bukchon Hanok Village, which is close to Insadong.

Unlike the many apartments in Seoul, the houses in Bukchon Hanok Village are built in the Hanok style.

I heard traditional Korean-style homes stay cool, even in summer.

Maybe it's because the ceilings are high?

I don't really know.

Check out Buckchon Hanok Village if you are interested in seeing beautiful and traditional Korean architecture.

✓ **be close to**

[비 클로우스 투]
~에 가깝다

우리 호텔은 공항에서 가깝지 않았어.
Our hotel was n't close to the airport.

✓ **be built**

[비 빌트]
지어지다, 건설되다

이 아파트는 수년 전에 지어졌어.
This apartment was built many years ago.

✓ **don't really know**

[돈 릴리 노우]
잘 모르다, 사실 모르다

난 그거에 대해서 잘 몰라서, 너한테 많이 알려주지 못해.
I can't tell you much because I don't really know about it.

✓ **traditional**

[트레디셔널]
전통의

한복은 한국의 전통 의상이야.
The hanbok is Korea's traditional dress.

✓ **architecture**

[알키텍처]
건축학, 건축 양식

그녀는 대학교에서 건축학을 공부해.
She is studying architecture in college.

영단어 Check

village 마을
house 집

unlike ~과 달리
stay (특정한 상태를) 유지하다

apartment 아파트
ceiling 천장

노량진(1)

MP3

Today's Story

노량진 수산시장은 매우 다양한
해산물을 볼 수 있는 곳이야.

Noryangjin Fisheries Wholesale Market is a place where you can see a wide variety of seafood.

아마도 이전에 한 번도 보지 못한
많은 해산물을 여기에서 볼 수 있을 거야.

You can probably see a lot of seafood here that you have never seen before.

새벽에는 해산물이 경매에 나오는데
사람들이 가장 싱싱한 해산물을 사려고
경쟁하는 걸 볼 수 있어.

At dawn, the seafood is put up for auction, and you can watch people compete to buy the freshest seafood.

일찍 일어날 자신이 있다면
거기에 가 보는 걸 추천해.

If you are confident of getting up early, I recommend going there.

수산시장에서 생선을 사면
시장 상인이 즉석에서 회를 떠서 줘.

When you buy some fish at the market, the market vendor fillets the fish on the spot and gives it to you.

생선이 아주 싱싱해서 맛이 끝내줘.

The fish is very fresh, so the taste is awesome.

✓ **a wide variety of**

[어 와이드 버라이어티 옵]
매우 다양한

매우 다양한 활동들이 스케줄에 짜여 있어.
A wide variety of activities are set in the schedule.

✓ **put up for auction**

[풋 업 폴 억션]
경매에 내놓다

이 집은 경매에 나왔어.
This house is put up for auction .

✓ **compete**

[컴핏]
경쟁하다

나 너랑 경쟁하고 싶지 않아.
I don't want to compete with you.

✓ **get up**

[겟업]
일어나다

나는 보통 주말에 늦게 일어나.
I usually get up late on weekends.

✓ **fillet the fish**

[필레 더 피쉬]
회를 뜨다

걔가 즉석에서 회를 떠서 줬는데 믿기 힘들 정도로 맛있었어.
He filleted the fish on the spot, and the taste was unbelievably good.

영단어 Check

probably 아마도
early 일찍

at dawn 새벽에
market vendor 시장 상인

be confident 자신이 있다
taste 맛

249

노량진(2)

MP3

Today's Story

갓 손질된 생선을 집에 가져가서 먹어도
되지만 만약 수산시장에서 끼니를
해결하고자 하면 근처 식당에
생선을 가져가면 돼.

식당에서 네가 가지고 온 생선으로
요리를 해줄 거야.

물론, 요리 비용과
반찬 비용은 내야 해.

노량진 수산시장에서
먹는 회와 소주는 완벽해.

한국 사람들은 회에 소주 마시는 걸
좋아하거든.

회를 먹어보지 않았다면
노량진 수산시장에서
좀 먹어보는 건 어때?

You can take the freshly prepared fish
home and eat it, but if you plan to have
your meal at the market, you can take
the fish to a nearby restaurant.
At the restaurant,
they will cook the fish that you brought.
Of course, you have to pay the cooking
fee and also pay for the side dishes.
The raw fish and soju that you have
at Noryangjin Fisheries Wholesale
Market is just perfect.
Korean people like to eat raw fish with
soju.
If you have never tried raw fish,
why don't you try some at the
Noryangjin Fisheries Wholesale Market?

수산시장 근처 식당

요리&반찬 비용 별도

회와 소주

✓ **freshly prepared**

[프레실리 프리페얼드]
갓(막) 손질된, 신선하게 준비된

샐러드는 신선하게 준비되었어.
The salad was freshly prepared .

✓ **nearby**

[니얼바이]
인근의, 근처

여기 근처에 슈퍼마켓이 있을 거야.
I believe a supermarket is nearby here.

✓ **side dish**

[사이드 디시]
반찬

나는 밥보다 반찬 먹는 걸 더 좋아해.
I like to eat the side dishes more than rice.

✓ **raw fish**

[러 피쉬]
날 생선, 회

걔는 회 먹는 거 안 좋아해.
He doesn't like to eat raw fish .

✓ **try some**

[트라이 썸]
조금 먹어보다

좀 먹어볼래?
Would you like to try some ?

영단어 Check

meal 식사	cook 요리하다	of course 물론
fee 비용	wholesale market 수산시장	try 시도하다, 먹어보다

Chapter 27 장소
인천(1)

MP3

Today's Story

오늘은 인천에 대해서 말해줄게.
한국에 왔을 때
인천공항에 도착했을 거니까
대충 어디인지는 알 거야.
인천 지하철역에서 내리면
바로 앞에 차이나타운이 보일 거야.
요즘은 어느 나라를 가든 간에
차이나타운이 있더라고.
어쨌든, 인천 차이나타운에는
많은 중국 음식점들과
중국 물건을 파는 가게들이 있어.
여기서 먹는 중국 음식들은
배달시켜서 먹는 중국 음식과는
완전히 달라! 더 맛있거든!
근데, 한국에서 파는 중국 음식은
실제 중국 음식과 조금 다르대.

한국인 입맛에 맞는
중국 음식인가 봐.

Today, I'll tell you about Incheon.
You probably arrived at Incheon airport
when you came to Korea,
so you should know roughly where it is.
When you get off at Incheon Station,
you will see Chinatown right in front of you.
These days, whichever country you go to,
there is a Chinatown.
Anyway, in Incheon Chinatown,
there are many Chinese restaurants
and shops that sell Chinese goods.
The Chinese food that you have here is
totally different from the food
you order for delivery! It's tastier!
However, I heard that the Chinese food
that is sold in Korea is a bit different from
real Chinese food.
It's Chinese food that suits Korean tastes
I guess.

배달과 다른 중국 음식

차이나타운

공항 근처

Today's Idioms & Expressions

✓ **arrive**
[어롸이브]
도착하다

다행히도 걔는 제시간에 도착했어.
Luckily, he arrived on time.

✓ **roughly**
[러플리]
대략

난 그 부분에 대해 대충 알아.
I know roughly about it.

✓ **right in front**
[롸잇 인 프런트]
바로 앞에, 정면에

네가 타야 하는 버스 바로 앞에 있잖아.
The bus that you need to take is
right in front of you.

✓ **whichever**
[위치에버]
어느 것이든

어느 팀이든 난 신경 안 써.
I don't care whichever team I am in.

✓ **be different from**
[비 디프런 프럼]
~와 다르다

이건 내가 기억했던 것과는 완전히 달라.
This is totally different from what
I used to remember.

인천(2)

Today's Story

인천에는 월미 테마파크라는 곳이 있어.

여기에는 디스코팡팡이라는
놀이기구가 있는데, 놀이기구를
작동 시키는 사람 때문에 유명해졌어.

DJ가 정말 웃긴 얘기들을 해서
그 사람이 하는 말만 들어도 재미있거든.

그래서 놀이기구를 즐기는 사람들도
많지만 그냥 DJ가 뭐라 하는지
듣는 사람들도 많아.

디스코팡팡 말고
바이킹도 있어.

특히 이 바이킹은 그 어느 바이킹들보다
더 많이 올라가서 더 무섭대.

나는 안 타봐서 잘 모르겠어.

하여튼 내가 말한 것들 외에도
할 수 있는 다른 것들이 많으니까
여유가 있으면 인천에 가 봐!

In Incheon, there is a place called Wolmi Theme Park.

Here, there is a ride called Disco Pang Pang, and it became famous because of the person who controls the ride.

The DJ makes really funny comments, so it's fun just to listen to what he says.

So, there are many people who are enjoying the ride, but there are also many people just listening to what the DJ is saying.

Besides Disco Pang Pang, there is also the Viking.

This particular Viking goes higher up than any other Viking rides, so it is scarier.

I haven't been on it, so I don't really know.

Anyhow, there are many other things that you can do besides the things that I have mentioned, so if you have some free time, you should check out Incheon!

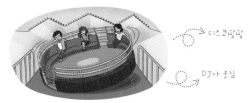

디스코팡팡

DJ가 웃김

✓ **a funny comment**

[퍼니 커멘트]
재미있는 이야기, 말

개 진지한 회의에서 웃긴 얘기를 했어.

He made hilariously a funny comment at a serious meeting.

✓ **particular**

[팔티큘러]
특정한

특정 사이즈 찾으시나요?

Are you looking for a particular size?

✓ **any other**

[애니 어덜]
다른

다른 질문들 있으신가요?

Do you guys have any other questions?

✓ **be scary**

[비 스케어리]
무섭다

이 공포영화 나한테는 너무 무서워.

This horror movie is too scary for me.

✓ **have some free time**

[햅 썸 프리타임]
시간(여유)가 있다

대화할 시간 있어?

Do you have some free time to chat?

영단어 Check

ride 놀이기구
enjoy 즐기다

control 조종하다
anyhow 하여튼

be fun 재미있다
mention 말하다, 언급하다

Today's Story

한국에서 쇼핑할 계획이 있다면	If you have a plan to shop in Korea,
꼭 들러야 하는 곳이 있어.	there is a place that you must stop by.
명동이야!	It's Myeongdong!
다양한 스타일의 옷, 액세서리,	You can find various styles of clothes,
그리고 화장품 매장을	accessories, and makeup shops in
모두 명동에서 찾아볼 수 있어서	Myeongdong, so you can do your
쇼핑을 한 번에 할 수 있어.	shopping all at once.
명동에서는	You cannot miss out on
길거리 음식을 빼먹을 수 없지!	the street food in Myeongdong!
음식이 맛있기도 하지만	The food not only tastes good,
생긴 모양이 신기하기도 해서,	but it also looks interesting,
사람들은 사진 찍기 바빠.	so people are busy taking pictures.
음식 종류가 너무 많아서	Since there are so many kinds of food,
다 먹어 보고 싶어도	you won't be able to try all of them,
다 못 먹어 볼 거야.	even if you want to.

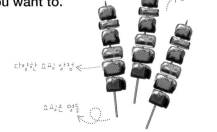

길거리 음식

다양한 쇼핑 상점

쇼핑은 명동

✓ **have a plan**
[해버 플랜]
계획이 있다

우리 오늘 밤에 계획 없어.
We don't have any plans for tonight.

✓ **at once**
[앳 원스]
즉시, 한 번에

너 그거 한 번에 다 썼어?
Did you use it all at once ?

✓ **be busy**
[비 비지]
바쁘다

너 요즘 왜 그렇게 바빠?
Why are you so busy these days?

✓ **be able to**
[비 에이블 투]
~할 수 있다

걔들 제시간에 비행기 못 탈 거야.
They won't be able to catch the plane on time.

✓ **even if you want to**
[이븐 이프 유 원투]
~하고 싶어도

미안한데, 들어오고 싶어도 넌 못 들어와.
I'm sorry, but you cannot come in, even if you want to .

영단어 Check

stop by ~에 잠시 들르다
miss out on ~을 놓치다, 빼먹다

various 다양한
street food 길거리 음식

accessory 액세서리
all of them 모든 것

남산

Today's Story

명동을 돌아보고 시간이 남는다면 남산 서울타워로 가 보는 걸 추천해.	If you have some time left after looking around Myeongdong, I recommend that you go to the N Seoul Tower.
타워의 꼭대기로 올라가면 도시 전체의 아름다운 경치를 즐길 수 있어.	If you go up to the top of the tower, you can enjoy a beautiful view of the entire city.
신기하게도 남산 서울타워에는 자물쇠를 팔아.	Interestingly, at the N Seoul Tower, they sell locks.
왜인지 맞춰봐!	Take a guess why!
그 이유는 연인들이 자물쇠에 사랑의 메시지를 적고 펜스에 걸어 영원한 사랑을 서약하기 때문이야.	The reason is that couples write love messages on the locks, hang them on the fence, and pledge everlasting love.
맞췄어?	Did you get it right?
영원한 사랑이 이뤄질지는 아무도 모르지만 자물쇠를 걸어 보는 건 한 번 해 볼만 한 것 같기도 하고 좋은 추억도 만들어 주는 것 같아.	Nobody knows if everlasting love will come true, but I think hanging a lock is worth a try, and it also creates a good memory.

남산 서울타워

사랑의 자물쇠

추억 만들기

Today's Idioms & Expressions

✓ **have some time left**

[햅 썸 타임 레프트]
시간이 남다

시간이 좀 남으니까, 그냥 걸을래.
I have some time left , so I'll just walk.

✓ **entire**

[인타이얼]
전체의

우리는 식당 전체를 사용했어.
We used the entire restaurant for ourselves.

✓ **take a guess**

[테익 어 게스]
추측하다

걔가 왜 기뻐하는지 맞춰 봐.
Take a guess why he is so happy.

✓ **the reason is**

[더 리즌 이즈]
그 이유는

그 이유는 우리가 다른 선택권이 없기 때문이야.
The reason is that we don't have any other option.

✓ **be worth a try**

[비 월쓰 어 트라이]
시도해 볼 만한 가치가 있다

스카이다이빙은 시도해 볼 만한 가치가 있어.
Skydiving is worth a try .

영단어 Check

go up 올라가다
pledge 서약하다

love message 사랑의 메시지
everlasting love 영원한 사랑

hang 걸다
come true 이루어지다

259

Today's Story

일산은 강남, 명동, 이태원	Ilsan is a bit far from the places like
같은 장소들에서 조금 멀어.	Gangnam, Myeongdong, and Itaewon.
근데 일산에서도	However, there are also many things
할 수 있는 것들이 많아.	that you can do in Ilsan.
일산에는 라페스타와 웨스턴돔이라고	In Ilsan, there are shopping malls
불리는 쇼핑몰들이 있어.	called La Festa and Western Dorm.
여기에도 많은 음식점들, 카페들	Here, there are also many restaurants,
그리고 옷 가게들이 있지.	cafés, and clothing shops.
시즌에 따라	Depending on the season,
전시된 장식들을 많이 볼 수 있어.	you can see many decorations displayed.
몇 달 전에 갔었는데	I went there a few months ago
정말 멋있더라고.	and it was fabulous.
이곳들은 좋은데 매장들이	These places are nice, but it's just that all
다 밖에 있다 보니까	the stores are outside, so, on winter days,
겨울에는 돌아다니기에 너무 춥더라고.	it's too cold to walk around.
지금 생각해보니까 한국에는	Now that I think about it, I think there are
쇼핑몰이랑 카페가 많은 것 같아.	many shopping malls and cafés in Korea.
어딜 가든 쇼핑몰과	You can see shopping malls and cafés
카페가 있는 걸 보면 말이야!	anywhere you go!

많은 쇼핑몰들

겨울엔 추움

Today's Idioms & Expressions

a bit far

[어빗 파아]
조금 먼

학교는 우리 집에서 조금 멀어.
My school is a bit far from my house.

depending on

[디펜딩 언]
~에 따라

도착 시각은 날씨에 따라 달라질 수 있어.
The arrival time might change depending on the weather.

be fabulous

[비 페뷸러스]
기막히게 좋다(멋지다)

그 불 쇼 진짜 멋있더라.
The fire performance was fabulous .

walk around

[월 어라운드]
돌아다니다, 걸어 다니다

조금 걸어 다닐까?
Should we walk around for a bit?

now that I think about it

[나우 댓 아이 띵크 어바웃 잇]
지금 생각해보니

내가 지금 생각해보니까, 너한테 소리 지른 건 어리석었어.
Now that I think about it , I was foolish to yell at you.

영단어 Check

shopping mall 쇼핑몰
display 전시하다

season 계절, 철
winter days 겨울날

decoration 장식

일산(2)

MP3

Today's Story

일산에는 킨텍스라고 불리는 곳이 있는데	In Ilsan, there is a place called KINTEX and
이곳에서는 많은 전시회와 박람회가 열려.	many exhibitions and fairs are held here.
코엑스처럼	Just like the COEX,
행사의 규모가 엄청 커.	the scale of the events is huge.
일산으로 가는 버스가 많긴 하지만,	There are many buses that go to Ilsan,
머니까 갈지 말지 결정할 때	but since it is far, I tend to hesitate when
망설여지더라고.	deciding whether to go or not.
일산에 대해 짧게 말하자면,	To describe Ilsan in short,
일산에서 할 건 많아.	there are many things to do in Ilsan.
그런데 차가 없으면	However, if you don't have a car,
대중교통을 이용해야 해서	you have to use public transportation,
일산 여기저기 돌아다니기가 불편해.	so it is inconvenient to get around in Ilsan.
근데 만약 거기 근처에서	However, if you have something to do
할 것이 있다면 가 봐!	around there, you should go!

킨텍스

행사가 많음

차 없으면 불편

✓ **be huge**
[비 휴즈]
엄청나다, 거대하다

어머나, 이 파이 거대하다.
Oh my goodness, this pie is huge .

✓ **hesitate**
[헤지테잇]
망설이다

그녀는 대답하기 전에 망설였어.
She hesitated before answering.

✓ **in short**
[인 숄트]
짧게, 요약하면

짧게 말하자면, 나는 외향적인 사람이 아니야.
In short , I'm not a very outgoing person.

✓ **be inconvenient**
[비 인컨비니언트]
불편하다

핸드폰이 없으면 다른 사람들이랑 소통하려고 할 때 불편해.
If you don't have a cellphone, it is inconvenient when trying to communicate with others.

✓ **get around**
[겟 어라운드]
돌아다니다

우리 택시 타고 돌아다녔어.
We got around with a cab.

영단어 Check

exhibition 전시회　　　fair 박람회　　　scale 규모
be far 멀다　　　describe 말하다　　　public transportation 대중교통

263

분당

MP3

Today's Story

네가 분당에서
특별히 할 일이 있을지는 모르겠지만
그래도 그냥 말해줄게.
분당은 경기도에서
가장 부자인 동네 중 하나야.
내가 듣기로 분당에 있는
아파트 집값은 어마어마하대.
분당에는 정자 카페 거리라고
불리는 거리가 있는데,
거기에는 많은 예쁜 카페들이 있어.
특히 여기에 많은 카페들은
여심을 저격해.
날씨가 좋으면 테라스에서 커피 한 잔을
즐기는 많은 사람들을 볼 수 있어.
있잖아.
시원이가 분당에 대해 많이 아는 것 같애!
걔한테 물어보는 게 어때?
그곳에 대해 더 자세하게 말해줄 거야.

I don't know if you will have anything
special to do in Bundang,
but I'll just tell you just because.
Bundang is one of the wealthiest
neighborhoods in Gyeonggi province.
I heard the apartment prices in Bundang
are immense.
In Bundang, there is a street called
Jeongja Café Street,
and there are many beautiful cafés there.
Many cafés here suit the tastes of ladies in
particular.
When the weather is nice, you can see many
people enjoying a cup of coffee on the terrace.
You know what?
I think Siwon knows a lot about Bundang!
Why don't we ask him? I'm sure he'll tell us
more about the place in detail.

부자 동네

카페 거리

Today's Idioms & Expressions

✓ **just because**
[저스트 비커어스]
그냥

그냥.
It's just because .

✓ **be immense**
[비 이멘스]
어마어마하다

우리가 내야 하는 돈은 어마어마해.
The amount we need to pay
 is immense .

✓ **suit one's taste**
[숱 원스 테이스트]
취향에 맞다

스테이크 네 입맛에 맞길 바라.
I hope your steak suits your taste .

✓ **You know what?**
[유노우 왓]
있잖아, 그러니까

있잖아. 내가 웃긴 거 얘기해 줄게.
 You know what? I'll tell you something
funny.

✓ **in detail**
[인 디테일]
자세하게

더 자세하게 말해줄래?
Can you tell me more about it
 in detail ?

영단어 Check

neighborhood 동네
in particular 특히

province 도
terrace 테라스

apartment price 아파트 집값
be sure 확신하다

Chapter 34 장소

용인

MP3

Today's Story

용인에는 한국 민속촌이라고
불리는 곳이 있어.
여기는 외국인뿐만 아니라 옛날 풍습을
경험해 보고 싶은 한국 사람들한테도
재미있고 흥미로운 곳이야.
왜냐하면, 이곳은 한국의 역사를
현실적으로 보여주거든.
진짜 사람들이 과거의 사람들처럼 옷을 입고
연기를 해.
그래서 많은 학부모님과 선생님들은
아이들이 과거를 체험해 볼 수 있도록
그곳에 데려가.
곳곳에서 많은 다양한 공연 또한 진행되니까
이곳은 시간을 가지고
둘러봐야 하는 곳이야!
조금 멀지?
알아. 그래도 가 볼 만한 가치가 있어!

In Yong-in, there is a place called Korean
Folk Village.
This place is fun and interesting, not only
for foreigners, but also for Koreans
who want to experience old customs.
That is because this place shows the
history of Korea in a realistic way.
Real people dress up like people from
the past, and act like them,
so many parents and teachers
take children there so that they can
experience the past.
Here and there, many different
performances also go on, so this is
a place where you should take your time
and look around! It's a bit far, right?
I know. However, it's worth going to!

한국 민속촌 ←······

다양한 공연

과거 체험

☑ **old customs**

[올드 커스텀스]
옛날 풍습

우리는 옛날 풍습을 소중히 여겨야 해.
We should value our old customs .

☑ **realistic**

[리얼리스틱]
현실적인

프로젝트의 마감일은 현실적이지 않아.
The due date for our project is not realistic .

☑ **dress up**

[드레스 업]
변장하다, 옷을 입다

걔는 공주처럼 옷을 입는 걸 좋아해.
She likes to dress up like a princess.

☑ **here and there**

[히얼 앤 데얼]
여기저기에, 곳곳에

여기저기에서 골동품 가게를 찾을 수 있어.
You can find antique shops, here and there .

☑ **right?**

[라잇]
그렇지?, 맞지?

다 괜찮지, 그렇지?
Everything is okay, right?

영단어 Check

foreigner 외국인	history 역사	past 과거
act 연기하다	performance 공연	take one's time 시간을 가지다

Chapter 35 장소
가평(1)

MP3

Today's Story

가평은 여름에 사람들이 수영을 하고
수상 스포츠를 즐기러
많이 가는 곳 중 한 군데야.
그래서 늦게 예약하면
남은 방들이 없을 수도 있고
마음에 들지 않는 방에서
머물러야 할 수도 있어.
요즘은 온라인으로
방을 싸게 예약할 수 있어.
바가지 쓰지 않도록
철저히 알아본 뒤에 결제하도록 해.
안 그러면 나중에 후회한다!
7월과 8월은 여름 휴가철이어서
가평에 도착하기까지
오래 걸릴 수 있어.
그래도 차 안에서 신나는 음악을 틀고
친구들과 수다를 떨다 보면
눈 깜박할 사이에 도착할 거야.

Gapyeong is one of many places where
people go swimming and enjoy water
sports in summer.
So, if you make a reservation late,
there might be no rooms left,
or you might have to stay in a room
that you might not like.
These days, you can reserve a room online
for a cheap price.
Make sure you look it up thoroughly and
pay not to be overcharged.
Or else, you will regret it later!
July and August is summer vacation period
so, it can take a long time
to get to Gapyeong.
However, if you play some exciting music
and chat with your friends in the car, you
will get there before
you know it.

수상 스포츠 즐기기

여름이 성수기

✓ **water sports**
[워러 스폴츠]
수상 스포츠

나는 스쿠버다이빙 같은 수상 스포츠를 즐겨.
I enjoy water sports like scuba diving.

✓ **make a reservation**
[메잌 어 레절베이션]
예약하다

예약하셨나요?
Did you make a reservation ?

✓ **look up**
[룩 업]
알아보다, 찾아보다

우리 오늘 밤에 갈 곳 내가 찾아봤어.
I looked up the place that we are going to tonight.

✓ **be overcharged**
[비 오벌 찰지드]
바가지 쓰다

나 바가지 쓴 것 같아.
I think I was overcharged .

✓ **chat**
[챗]
수다를 떨다

수다 떨 시간 없어!
No time for chatting !

영단어 Check

go swimming 수영하러 가다   be left 남다   regret 후회하다
vacation period 방학 기간   exciting music 신나는 음악

Today's Story

나는 이번 여름까지 살을 빼는 데 성공하고 가평에 갈 거야!	I will succeed in losing weight by this summer and go to Gapyeong!
너도 만약 이번 여름에 거기에 갈 기회가 생긴다면 수상 스포츠를 시도해 봐.	If you get a chance to go there this summer, you should try water sports.
근데, 즐길 수 있는 게 하도 많아서 제한된 시간 안에 다 해 볼 수 있을지 모르겠다.	But, there are too many things that you can enjoy, so I don't know if you will be able to try everything in a limited amount of time.
가평에는 쁘띠 프랑스라고 불리는 곳이 있어.	In Gapyeong, there is a place called Petite France.
수상 스포츠를 즐긴 후에 기운이 남아 있다면 한번 가 봐.	If you have some energy left after you enjoyed the water sports, you should check it out.
쁘띠 프랑스에 있는 건물들은 동화에서 바로 나온 것처럼 보여.	The buildings in Petite France look like they came straight out of fairy tales.
많은 드라마와 예능도 거기에서 촬영 되더라고.	Many dramas and reality shows are also filmed there.
배경이 정말 예뻐서 그런 거 같아.	I guess it's because the scenery is so pretty.
게다가 운이 좋으면 길거리 공연들도 볼 수 있어.	In addition, if you are lucky, you can also see street performances.

동화 같은 건물 ←⋯⋯ **Petite France** 쁘띠프랑스 ⋯⋯→ 작은 프랑스

인기 촬영지 ←

Today's Idioms & Expressions

✓ **lose weight**

[루즈 웨잇]
살을 빼다, 살이 빠지다

나 필라테스 해서 살 좀 빠졌어.
I lost some weight by doing Pilates.

✓ **get a chance**

[겟 어 챈스]
기회를 얻다

나는 그분을 만날 기회를 얻지 못했어.
I didn't get a chance to meet him.

✓ **limited amount of time**

[리미팃 어마운트 옵 타임]
제한된 시간

우리는 제한된 시간 안에 다 끝냈어.
We finished everything in a limited amount of time.

✓ **come straight**

[컴 스트레잇]
곧장, 바로 나오다

일 끝나고 바로 여기로 왔어.
After work, I came straight here.

✓ **be lucky**

[비 럭키]
운이 좋다

내가 임명된 건 운이 매우 좋았어.
I was very lucky to be nominated.

영단어 Check

succeed 성공하다
fairy tale 동화

water sports 수상 스포츠
reality show 리얼리티 쇼

energy 기운
scenery 경치

Chapter 37 장소
춘천(1)

MP3

Today's Story

강원도에는 춘천이 있는데
많은 관광객들이 거기에 간다고 들었어.
나는 춘천에 어렸을 때 가 보고
그 후로는 가 본 적이 없어서
기억이 많이 나진 않아.
춘천은 서울에서 그렇게 멀지도 않고
셔틀버스도 많이 있어서
거기에 가는 건 꽤 쉬워.
춘천에는 남이섬이 있는데
거기는 겨울연가라는 드라마
촬영지로 유명해졌어.
배용준이랑 최지우가 드라마에 주연을
맡았는데 큰 히트를 쳤어!
그래서 남이섬 몇 군데에는
드라마와 관련된
사진을 찍는 장소들이 있어.
뭐 겨울연가를 꼭 보지 않았더라도,
남이섬 그 자체가 너무 아름답기 때문에
가 볼 만한 것 같아.

In Gangwon Province, there is Chuncheon,
and I heard many tourists go there.
I have been to Chuncheon when I was little,
but I haven't been there since,
so I can't remember much about it.
Chuncheon is not that far from Seoul,
and there are also lots of shuttle buses,
so it is pretty easy to get there.
In Chuncheon, there is Nami Island, and
it has become famous for being the filming
location for the drama, Winter Sonata.
Bae Yongjoon and Choi Jiwoo starred in
the drama, and it was a big hit!
So, in a few places on Nami Island,
there are spots for taking pictures
that are related to the drama.
Even if you haven't watched Winter Sonata,
Nami Island itself is very beautiful,
so I think this place is worth going to.

겨울연가 촬영장지

남이섬

✓ # when I was little

[웬 아이 워스 리를]
내가 어렸을 때

나 어렸을 때, 여기저기 막 뛰어다녔어.

When I was little , I used to run around all over the place.

✓ # star

[스탈]
(영화에서) 주연을 맡다

그는 많은 인기 있는 영화에서 주연을 맡았어.

He starred in many of the popular movies.

✓ # be a big hit

[비 어 빅 힛]
크게 히트 치다, 대성공이다

우리 신제품은 시장에서 큰 히트를 칠 거야.

Our new product will be a big hit in the market.

✓ # be related to

[비 릴레이티드 투]
~와 관계가 있다

저는 이 사고랑 관계가 없어요.

I am not related to this accident.

✓ # itself

[잇셀프]
그 자체

공연 자체는 재미있었는데, 배우들은 친절하지 않았어.

The show itself was very fun, but the actors weren't very friendly.

영단어 Check

shuttle bus 셔틀버스
spot 장소

pretty 꽤
watch 보다

filming location 촬영 장소

Chapter 38 장소

춘천(2)

MP3

Today's Story

남이섬에는 메타세쿼이아 길이 있는데
길 양 옆으로
아름다운 나무들이 있어.
이건 남이섬의
주 특징으로 여겨져.
남이섬은 섬이다 보니까
배를 타고 가야 하는데 가평에서
짚와이어를 사용해서 갈 수도 있어!
대박이지 않아?
용기가 있다면
짚와이어를 이용해서 남이섬에 가 봐.
잊지 못할 경험이 될 거야.

춘천은 막국수랑 닭갈비로
굉장히 유명해.
춘천에 가면
춘천 닭갈비를 먹어봐야지!
서울에서 먹어봤던 것이랑 비교해 봤을 때
확실히 더 맛있는 걸 알 수 있을 거야!

In Nami Island, there is Metasequoia Lane
and on both sides of it,
there are beautiful trees.
This is considered as the major
characteristic of Nami Island.
Since Nami Island is an island, you have to
go there by ferry, but you can also go there
from Gapyeong by using a zip-wire!
Isn't that crazy?
If you have the nerve,
use the zip-wire to get to Nami Island.
It will be an experience that
you won't ever forget.

Chuncheon is very famous for
Makguksu and Dakgalbi.
If you go to Chuncheon,
you have to try Chuncheon dakgalbi!
If you compare it to the ones that you have
tried in Seoul, you'll clearly notice that
it tastes much better!

메타세쿼이아 길

막국수&닭갈비

Today's Idioms & Expressions

✓ **on both sides**

[언 보스 사이즈]
양쪽에

길 양쪽에 가로등이 있어.
On both sides of the street, there are light posts.

✓ **be considered as**

[비 컨시덜드 에즈]
~으로 여겨지다, 간주되다

이건 최고로 여겨져.
This is considered as the best.

✓ **be crazy**

[비 크레이지]
열광하다, 대박이다

저 놀이기구 대박이지 않았어?
Wasn't that ride crazy?

✓ **have the nerve**

[햅 더 널브]
배짱이 있다, ~할 용기가 있다

너 배짱이 있으면, 이 무서운 영화 나랑 봐.
If you have the nerve, you should watch this scary movie with me.

✓ **compare**

[컴페어]
비교하다

사람들 비교하지 마.
You shouldn't compare people.

영단어 Check

ferry 배
notice 알아채다

zip-wire 짚와이어
taste 맛이 나다

clearly 확실히
much better 훨씬 나은

275

MP3

Today's Story

가평처럼 부산은 여름 휴가철에
많은 사람들이
가고 싶어하는 장소 중 한 곳이야.
특히 해운대 해수욕장을
많이 가고 싶어하더라고.
해운대는 태닝하는 사람들과
수영을 하는 사람들로 꽉 차 있어.
거기가 정말 해수욕장인가
싶을 정도야.
부산 사람들은 야구를 매우 좋아해서
홈구단 응원의 열기는
엄청나.
부산의 홈구단 롯데 자이언츠 팬들은
쉽게 눈에 띄는데,
왜냐하면 응원할 때
오렌지색의 비닐봉지를 머리에 쓰거든.
야구를 좋아하지 않더라도
새로운 경험을 즐기기 위해
부산 사직구장을 가보는 것을 추천해.

Like Gapyeong, Busan is one of
the places that a lot of people want to go to
during the summer vacation period.
It seemed like people especially
want to go to Haeundae Beach.
Haeundae is packed with people
tanning and swimming.
It makes me wonder up to a point
if that place is a beach or not.
People in Busan love baseball,
so the excitement of cheering for
the home team is tremendous.
The fans of Busan's home team,
the Lotte Giants, are recognizable
because they wear orange plastic bags
over their heads when they cheer.
Even if you don't like baseball, I recommend
going to Busan Sajik Stadium to
enjoy a new experience.

오렌지색 비닐봉지

롯데 자이언츠

✓ **especially**

[이스페셜리]
특히

난 특히 빨간색을 좋아해.
I especially like the color red.

✓ **be packed with**

[비 팩드 윗]
~으로 가득 차 있다, 붐비다

내 차는 너무 많은 사람들로 꽉 차 있어.
My car is packed with too many
people.

✓ **wonder**

[원덜]
궁금해하다

누가 나한테 이 선물 줬는지 궁금하다.
I wonder who gave me this gift.

✓ **up to**

[업 투]
~까지

나는 이 비행기가 어느 정도까지 올라갈 수 있는지
궁금해.
It makes me wonder what elevation
this plane can go up to .

✓ **be tremendous**

[비 트레멘더스]
엄청나다

그 대회의 상은 엄청나.
The prize for the competition
is tremendous .

영단어 Check

tan 햇볕에 태우다   love 매우 좋아하다, 사랑하다   cheer 응원하다
recognizable 알아볼 수 있는   head 머리   even if ~라 하더라도

부산(2)

Today's Story

부산에는 또 시장들이 많아.	There are also a lot of markets in Busan.
유명한 시장들은 자갈치시장,	The famous markets are Jagalchi market,
부평 깡통 시장	Bupyeong Kkang Tong market,
그리고 국제시장이야.	and Gukje market.
부평 깡통 시장 안에는	There are a lot of food
많은 먹거리가 있어.	in Bupyeong Kkang Tong market.
무엇을 먹어보라고 해야 하나?	What should I recommend you to try?
잠깐만. 생각 좀 해볼게.	Hold on. Let me think about it for a sec.
음… 너무 많네.	Hmm… There's too much.
다 먹어보고 싶다면	If you want to try everything, I think
가기 전에 아침을 굶는 게 좋을 것 같아!	you should skip breakfast before you go!
근사한 레스토랑에서 식사하는 것도 좋지만	Although it is nice to have a meal at a
부산에서만 맛볼 수 있는 음식들을	marvelous restaurant, shouldn't you try
먹어봐야 하지 않겠어?	the food that you can only taste in Busan?
여행 중이라면	If you are traveling,
다이어트는 포기해야지.	you have to give up on your diet.
다이어트는 여행 후에 다시 시작하고	Start dieting again after your trip and
부산에 있을 때 먹을 수 있는 만큼	try as much delicious food as you can
맛있는 음식들을 먹어봐.	while you are in Busan.

많은 시장

다양한 먹거리

✓ **hold on**
[홀던]
기다려, 멈춰

잠깐만 기다려주세요. 곧 안내해 드릴게요.
Please, hold on . I'll be right with you.

✓ **for a sec**
[폴 어 쎅]
잠시

잠깐만 기다려줄래?
Can you wait for a sec ?

✓ **skip**
[스킵]
건너뛰다, 굶다

나 오늘 너무 바빠서 점심 굶었어.
I was so busy that I skipped lunch.

✓ **give up**
[기법]
포기하다

무슨 일이 있어도 넌 포기하면 안 돼!
You should not give up no matter what!

✓ **as much as**
[에즈 머치 에즈]
~만큼

내가 도울 수 있는 만큼 도와줄게.
I'll help you as much as I can.

영단어 Check

breakfast 아침　　　　travel 여행하다　　　　diet 다이어트
delicious 맛있는　　　while ~하는 동안

부산(3)

MP3

Today's Story

너 부산에 가 본 적 있어?	Have you ever been to Busan?
네가 알다시피	As you know,
부산 사람들은 사투리를 써.	people in Busan use a dialect.
이해 못 할까 봐	Don't worry about
겁먹지 마.	not being able to understand.
천천히 들어보면	If you listen carefully,
이해할 수 있을 거야.	you can understand them.
몇몇 단어는 서울말이랑 완전히 다른데,	Some words are totally different from
정말 재미있고 멋있게 들리더라고.	Seoul, and it sounds so fun and cool.

사투리 사용

가가 가가~?

재밌고 멋있음

✓ **Have you ever been to~?**

[해뷰 에벌 빈 투]
~ 가 본 적 있니?

너 일본 가 본 적 있니?
Have you ever been to Japan?

✓ **use a dialect**

[유서 다일렉]
사투리를 쓰다

나 제주도 사투리 써.
I use the Jeju Island dialect.

✓ **Don't worry about ~**

[돈 워뤼 어바웃]
~에 대해 고민하지 마

나에 대해서는 고민하지 마.
Don't worry about me.

✓ **listen carefully**

[리슨 케어풀리]
주의 깊게 듣다

잘 들어 보세요.
Listen carefully.

✓ **totally**

[터룰리]
완전히

네가 완전히 맞아.
You're totally right.

영단어 Check

as you know 너도 알다시피
sound 들리다

understand 이해하다
cool 멋진

different 다른

Chapter 42 장소
제주도(1)

MP3

Today's Story

제주도는 거기서 흔한 3가지와 함께
소개돼. 바람, 돌, 그리고 여자야.

거기에 실제로 가면 사람들이 왜

그렇게 제주도를 소개하는지 알 거야.

믿거나 말거나

돌하르방의 코를 문지르면

아들을 낳는다는 미신이 있어.

아들을 원하면

한 번 해봐.

해본다고 나쁠 거 없잖아.

활동적인 사람이라면

한라산을 등반하는 걸 추천해.

신기하게도, 한라산은 제주도

중간에 솟아 있고

한국에서 가장 높은 산이야.

올라갈 때는 힘들어도

정상 위에 있을 때

뿌듯할 거야.

Jeju Island is introduced with three things that
are common there: rocks, wind, and women.

If you actually go there, you'll see

why people introduce Jeju Island like that.

Believe it or not, there is a myth that

if you rub the nose of a Dol hareubang,

you'll give birth to a son.

You should give it a try,

if you wish to have a son.

It doesn't hurt to try.

If you are an active person,

I recommend hiking Halla Mountain.

Interestingly, Halla Mountain rises

in the center of Jeju Island

and it is the highest mountain in Korea.

Although it is hard to climb, when you are

at the top, I think you will be

proud of yourself.

바람, 돌, 여자

코 문지르면 아들을 낳음

Today's Idioms & Expressions

✓ **common**

[카먼]
흔한

제시카는 매우 흔한 이름이야.
Jessica is a very common name.

✓ **believe it or not**

[빌리빗 오얼 낫]
믿거나 말거나, 믿기 힘들겠지만

믿기 힘들겠지만, 나 합격했어!
Believe it or not, I got accepted!

✓ **give birth**

[깁 벌쓰]
낳다

그녀는 남자 아이를 낳았어.
She gave birth to a baby boy.

✓ **give it a try**

[기빗 어 트라이]
시도하다, 한 번 해보다

어서 한 번 시도해봐.
Go ahead and give it a try.

✓ **doesn't hurt to try**

[더즌 헐 투 트라이]
해본다고 나쁠 게 없다

뭐야, 해본다고 나쁠 거 없잖아.
Oh come on, it doesn't hurt to try.

영단어 Check

rub 문지르다
hike 등산하다, 하이킹하다

wish 빌다
rise 솟다

active 활동적인
climb 올라가다

제주도(2)

MP3

Today's Story

내가 한라산에 대해서 전에 얘기해줬잖아.	I told you about Halla Mountain previously.
근데 한라산을 등반하기 부담된다 싶으면	However if hiking Halla Mountain is too much
비자림을 가 봐.	for you, you should go to Bijarim Forest.
여기는 아직 많이 알려지지 않아서	This place isn't well known to the tourists yet,
다른 곳들과 비교해 봤을 때 더 조용해.	so compared to other places, it is quieter.
천천히 주위를 둘러보면서	Look around the place slowly
자연이 주는 아름다움을 만끽해봐!	and enjoy the beauty that nature gives you!
제주도는 섬이니까	Since Jeju Island is an island, I can't
해변에 대한 소개를 빼먹을 수 없겠지?	leave out introducing the beaches, right?
음… 오늘은 월정리 해변과	Um… today I'll tell you about
한담 해변에 대해서 얘기해 줄게.	Woljeongri Beach and Handam Beach.
솔직히 말하면 나는 두 곳 모두	To be honest, I have been to neither of them,
못 가 봤는데 주변에서	but I have heard people around me talking
좋다고 그러는 걸 들어보긴 했거든.	about how awesome they are.
내가 사진을 봤는데	I saw the pictures and I assure you that
진짜 아름답다는 걸 장담할게.	they are absolutely beautiful.
사진을 그냥 막 찍어도	I think, even if you take pictures carelessly,
화보처럼 보일 것 같아.	they will look like a magazine pictorial.

조용한 비자림 ←·······

아름다운 해변이 많음 ←·····

✓ **previously**

[프리비어슬리]
이전에

내가 이거에 대해 전에 언급한 적 있나?
Did I mention something about this previously ?

✓ **be too much**

[비 투 머치]
~이 너무 벅차다, 부담되다

이거 너무 부담 돼?
Is this too much for you?

✓ **be well known**

[비 웰 논]
잘 알려져 있다

저 여배우는 아직 대중에게 잘 알려져 있지 않아.
That actress isn't well known to the public yet.

✓ **leave out**

[립 아웃]
~을 빼다, 배제시키다

이거에 나 빼면 안 돼.
You can't leave me out on this.

✓ **to be honest**

[투 비 어니스트]
솔직히 말하자면

솔직히 말하면, 난 할말이 없어.
To be honest , I have nothing to say.

영단어 Check

compare 비교하다
assure 장담하다

nature 자연
magazine pictorial 화보

awesome 기막히게 좋은

Chapter 44 장소

제주도(3)

MP3

Today's Story

내가 제주도 먹거리에 대해서
말 안 할 줄 알았지?

You thought I wasn't going to tell you
about Jeju Island food?

제주도에서는 흑돼지를 먹어야 하는데
너무 맛있어서
아주 그냥 깜짝 놀랄 거다.

In Jeju Island, you have to have black pork,
and you will be very surprised
at how good it is.

지역 주민들한테 흑돼지 맛집에 대해
물어보는 걸 추천해!

I recommend asking local residents
about good black pork restaurants!

지역 주민들이 가는 곳이
보통 진짜 맛집이더라고.

The places that local residents go to are
usually the really good restaurants.

근데 화려한 간판에 속으면 안 돼!

However, don't get fooled by the fancy signs!

제주도에서는 보통 차를 빌리는 걸
선호해. 차가 있어야 돌아다니기
쉽거든.

On Jeju Island, people usually prefer to
rent cars. It's easy to get around places
if you have a car.

외국인도 차를 빌릴 수 있어!
근데 절차가 굉장히 까다롭대.

Foreigners can also rent cars! However,
I heard the procedures are very complicated.

차를 빌리고 말고는 네가 알아서 정해.

Whether to rent or not, I'll leave that up to you.

내가 말한 거 말고도
제주도에서 할 수 있는 게
너무나도 많아.

Besides the things that I have said,
there are numerous things that
you can do in Jeju Island.

인터넷에 끝없는 정보들이
나와있으니까 한번 찾아봐.

There is endless information online,
so you should look it up online.

흑돼지

로컬 추천 ←········
렌트카 추천

✓ **local resident**
[로컬 레지던트]
지역 주민

지역 주민들한테 길 물어보자.
Let's ask for directions from the local residents .

✓ **usually**
[유즈얼리]
보통

나 보통 화 안 내는데, 오늘은 완전 화나.
I don't usually get angry, but today I'm furious.

✓ **get(be) fooled by**
[겟 풀드 바이]
~에 속다

속임수에 속지 마.
Don't be fooled by the trick.

✓ **prefer**
[프리퍼]
선호하다, 좋아하다

나는 택시 타는 것보다 걷는 걸 선호해.
I prefer to walk than to take a cab.

✓ **leave that up to**
[립 댓 업 투]
(그것을) ~에게 맡기다

갈지 말지는, 너한테 맡길게.
Whether to go or not, I'll leave that up to you.

영단어 Check

black pork 흑돼지	fancy 화려한	rent 빌리다
procedure 절차	be complicated 복잡하다	numerous 많은

287

Today's Story

내가 한국에 있는 많은 장소들에 대해서 말
해줬잖아.

생각나는 대로
그냥 얘기해 봤어.

물론 내가 언급하지 않은 곳들이
더 많긴 하지. 어쨌든, 어땠어?

들어보니까 한국에 오길 잘했다는
생각이 들지 않아?

아닌가…?

내가 장소들을 구체적으로 소개하지는
않았지만 그래도 내 설명이 네가 여행할 때
조금이나마 도움이 되었으면 좋겠어.

즐겁고 뜻깊은 여행이 되길 바랄게.

내가 소개해 준 곳에 가게 된다면
내 생각도 좀 해줘!

I have told you about many places
in Korea.

I just told you about the places
that came up on my mind.

Of course, there are a lot more places
that I didn't mention. Anyway, how was it?

Don't you think that you made a good
choice of coming to Korea after hearing
about it? Or not…?

I didn't introduce the places in detail,
but I hope my explanations will help you
a little bit when you are traveling.

I hope your trip is pleasant and meaningful.

If you get to go to a place that I have
introduced to you, think about me a little!

✓ **come up on one's mind**
[컴 업 언 원즈 마인드]
~의 머리에 떠오르다

갑자기 우리가 봤던 영화가 떠올랐어.
All of a sudden, the movie that we watched came up on my mind .

✓ **How was ~?**
[하우 워즈]
~ 어땠어?

파티 어땠어?
How was the party?

✓ **make a good choice**
[메익 어 굳 초이스]
선택을 잘하다

딸기맛 고르길 잘한 것 같아.
I think I made a good choice choosing strawberry.

✓ **be meaningful**
[비 미닝풀]
의미가 있다, 뜻깊다

네 편지 매우 뜻깊고 감동적이었어.
Your letter was very meaningful and touching.

✓ **a little**
[어 리를]
약간, 조금

조금 더 줄래?
Can I have it a little more?

영단어 Check

tell about ~에 대해 말하다
explanation 설명

mention 언급하다
be pleasant 즐겁다

in detail 상세하게, 구체적으로
introduce 소개하다